HOE VIND JE
ZÉLF DAT HET
GAAT?

JAPKE-D. BOUMA BIJ UITGEVERIJ THOMAS RAP

Uitrollen is het nieuwe doorpakken
Ga lekker zélf in je kracht staan
Werken doe je maar thuis
Mag ik even iets tegen je aanhouden?
Gids voor de kantoorjungle

Japke-d. Bouma

HOE VIND JE ZÉLF DAT HET GAAT?

281 gouden tips voor op je werk

2021 THOMAS RAP

De in deze bundel opgenomen columns
zijn bewerkt en verschenen eerder in
NRC Handelsblad en *nrc-next*.

Eerste druk september 2020
Tweede druk december 2020
Derde druk december 2020
Vierde druk januari 2021
Omslagontwerp Moker Ontwerp
Foto auteur Pim Ras
Vormgeving binnenwerk Aard Bakker
Druk- en bindwerk Wilco, Amersfoort
ISBN 978 94 004 0690 2
NUR 301

thomasrap.nl

MIX
Papier van
verantwoorde herkomst
FSC® C004472

Bij de productie van dit boek is gebruikgemaakt van papier dat het keurmerk van de Forest Stewardship Council (FSC®) mag dragen. Bij dit papier is het zeker dat de productie niet tot bosvernietiging heeft geleid.

Voor iedereen die een baan heeft,
er ooit een had of er momenteel eentje zoekt.

INHOUD

11 Voorwoord – Hoe vind je zélf dat het gaat?

15 De kantoortuin is dood – lang leve de kantoortuin
26 Hoe overleef je de groepsapp van je werk?
30 We gaan stoppen met 'onboarding'
34 Vrouwen moeten meer bluffen op het werk
37 Doe tijdens je vakantie nou eens helemaal niks
40 Agile werken? Deze agile-coach is er helemaal klaar mee...
45 ...maar weet jij een ander woord voor 'agile'?
48 Ik zit op kantoor liever in een dal dan op de top
51 Thuiswerken met je familie, dat is de hel
55 Dit is het ergste jargon in het onderwijs
62 In je kracht staan: wat is dat en hoe kom je erin?
66 Microsoft is seksistisch
69 Het 'daar heb je haar weer'-effect
72 Dit is een ode aan alle zzp'ers...
76 ...maar dat woord 'zzp'er', dat vind ik een rotwoord
79 Een chief happiness officer, is dat nou nodig op je werk?

83 Dit zijn de ergste clichés in vergaderingen
87 Mannen leggen het je graag even uit
90 Dit is het ergste milieujargon
94 Ik wil geen oogkleppen op kantoor
98 Hoe onderteken jij je mails? Nou, zó liever niet
102 Hoe beginnen jullie je mails? Nou, zó liever niet
106 Wat is een 'professional' en hoe kun je 'groeien als professional'?
110 Deep dive in je broekje
122 De man is te warm, de vrouw te koud
125 Dit is mijn geheime tip voor op kantoor
129 Stop eens met dat jargon in de zorg
133 Dit zijn de ergste bedrijfsuitjes...
137 ...en dit zijn de leukste bedrijfsuitjes
141 Kijk jij wel genoeg uit het raam?
145 Dit zijn de ergste jeukwoorden in de communicatie
149 Hoe overleef je de hitte op je werk?
153 Mannentoiletten op kantoor zijn viezer dan vrouwentoiletten...
156 ...maar hoe hoort het nu eigenlijk op het kantoortoilet?
160 Dit zijn de beste tips voor stilte op kantoor
164 Voor introverte mensen zijn congressen vaak de hel
168 Vrouwen zouden meer salaris moeten krijgen dan mannen
171 Dit is de top 10 van jeukwoorden in de 'recruitment'
176 Word jij ook zo moe van al dat videovergaderen?...
180 ...maar wat trek je aan tijdens een zakelijke videovergadering?

184 De mannengriep, bestaat die?
187 Zo schrijf je een goede nieuwjaarsspeech
194 Een moeder als premier? Dat kan écht niet...
198 ...en dus heeft Nederland nog steeds geen vrouwelijke premier
201 Durf te falen? Wat een onzin
205 Zo word je niet gek van je mailbox
209 Stop met rijstwafels, aftershave en cup-a-soup op kantoor
213 Mooie vrouwen zijn gevaarlijk op het werk
216 De kerstborrel haalt het slechtste in de mens naar boven
220 Hallo buren, mag het wat rustiger in de tuin?
224 De carrièreman die álles heeft
227 Mag het ook wat trager op ons werk?
231 Zeg eens wat vaker 'nee' op kantoor
236 Waarom vrouwen vaak de lastige klussen krijgen
239 Hoe heet jouw zoveelste vergadering?
246 Zo kom je van je thuiswerk-kilo's af
249 Heb jij een vitaal beroep of een bullshitbaan?
253 Hallo, weet iemand wat 'governance' is?
257 Waarom vrouwen hoge hakken dragen op het werk – of juist niet
260 Geef je baas eens wat vaker een compliment
264 Vijftigers hebben het zwaar op het werk
268 Wat zou jij doen met een paar miljoen?
272 Trakteren? Dat is heel belangrijk op kantoor
276 Zoenen is heerlijk, maar niet (met iedereen) op kantoor

279 Dit is het beste advies voor je carrière
283 Een secretaresse? Dat is hopeloos ouderwets
288 Dit is het ergste jargon in de rechtspraak
292 Sorry hoor, maar je brein is nogal een sletje
295 Wees eens wat vaker een ouwe lul op je werk
299 'Thuiswerkdip'? Zo kom je er weer vanaf

303 Nawoord – Dit is werkgeluk

VOORWOORD

HOE VIND JE ZÉLF DAT HET GAAT?

Hebben jullie dat ook? Dat je heel agressief wordt als je baas aan het begin van een functioneringsgesprek tegen je zegt: 'Hoe vind je zélf dat het gaat?' Ik wil dan altijd het liefst wild om me heen slaan.

Want 'Hoe vind je zélf dat het gaat' – wat moet je dáár nou op zeggen? Als je antwoordt dat je het wel lekker vindt gaan, komt er in je dossier dat je te weinig aan 'zelfreflectie' doet, en als je zegt dat niet alles goed gaat, krijg je een aantekening dat, euh, niet alles goed gaat.

Gek word je ervan.

Zo is er natuurlijk nog veel meer gekmakend op je werk. Managers die 'dagdagelijks' zeggen bijvoorbeeld. Of 'we nemen het mee' – en dat er dan helemaal niks gebeurt.

Of de groepsapp! Die je de hele dag afleidt met de overbodigste berichten ter wereld. Maar ook de 'stand-ups', de verplichte bedrijfsuitjes, de honderden cc-mails waar je elke dag weer in staat. Die ene collega die altijd over z'n kleinzoon begint als jij net midden in een ingewikkelde alinea zit, de stinkende rijstwafels waar collega's op zitten te knagen terwijl jij je probeert te concentreren.

Geef het maar toe. Jij dacht toch ook dat de coronacrisis het einde zou zijn van alle erge dingen op kantoor? Viel dat even tegen.

Want thuis ging alles natuurlijk gewoon in aangepaste vorm door. Collega's die tijdens het videobellen net zo lang doorpraten als in de 'oude' vergaderingen. Vervelende managers die van 's ochtends vroeg tot 's avonds laat appen, mailen en facetimen, online-scrumsessies, de virtuele heidag. Maar ook de échte kantoortuin is er nog steeds. En we gaan weer. Voorzichtig en op afstand, maar toch.

Omdat we moeten van onze baas. Omdat we ons gezicht er moeten laten zien omdat ze ons anders vergeten, daarom ook natuurlijk.

Maar ik denk ook wel eens: we lijken soms wel verslaafd aan kantoor, zoals je verslaafd kunt zijn aan nicotine of chocoladesoesjes.

We zijn verslaafd aan de gezelligheid, aan de gelijkgestemden, aan het gedoe, aan de collega's, aan de grappen die alleen jullie begrijpen. Zeker, je kunt ziek worden van kantoor, van het lawaai, van de afleiding en er stress van krijgen, maar uiteindelijk kun je er ook niet zonder. Door corona weten we hoe hartstochtelijk je het allemaal kunt missen – het is haat én liefde.

Ik denk dat daarom de ijzeren wetten van de werkplek ook nooit veranderen, de grondregels waar iedereen zich vroeg of laat aan moet houden. Net als de basisvragen over werk, zo valt mij op. Die zijn ook al eeuwen dezelfde. Hoe je werkgeluk vindt, waarom vrouwen het vaak kouder hebben op kantoor dan mannen, hoe je een mail begint en afsluit, hoe je een goede nieuwjaarsspeech schrijft, hoe we ons moeten gedragen op het kantoortoilet, wat we aan moeten tijdens een Zoom-vergadering, en waarom mensen 'onboarding' zeggen: we dóén wel of we supermodern zijn op ons werk; in de kern is er de afgelopen driehonderd jaar natuurlijk weinig veranderd.

Want ook al noemen we boerenverstand nu ineens 'agile werken', zijn er 'chief happiness officers' gekomen om ons gelukkig te maken en moeten we door de corona meer afstand houden: éígenlijk zitten we nog steeds in berenvellen voor onze grot.

Nou, en daarom schreef ik dit boek. Als een handboek over hoe je met je kantoorverslaving omgaat, als een ode aan het kantoorleven, als een handreiking als je het even niet meer ziet zitten, maar ook als een waarschuwing. Als een streep in het zand. Want natuurlijk werken we er over vierduizend jaar nog en is kantoor niet kapot te krijgen – in welke vorm dan ook. We moeten er wel voor zorgen dat dat ook voor jou blijft gelden.

En dat je weet wat je terug moet zeggen als iemand je vraagt hoe je zélf vindt dat het gaat.

DE KANTOORTUIN IS DOOD – LANG LEVE DE KANTOORTUIN

Nou, daar sta je dan, als ‘kantoorexpert’.

Heb je jarenlang tips gegeven hoe je kantoor kunt overleven, heb je columns vol gewaarschuwd voor de gevaren van de drukke, open kantoortuin (stress! lawaai! afleiding!), heb je seizoenen lang je vingers blauw geschreven dat mensen meer moeten thuiswerken om gezond te blijven, en dan komt er een virus en is alles ineens anders; het kantoor zoals we dat kenden bestaat niet meer.

Want dat is toch wel iets waar we rekening mee moeten gaan houden, jongens: de kantoortuin van de hele dag dicht op elkaar zitten, die blijft nog wel even weg. Met een bil bij elkaar op het bureau, van elkaars gebaksbordjes eten, samen een koelkast delen, samen lunchen in een overvolle kantine, nieuwjaarszoenen, drukke vrijmibo’s: díé kantoortuin zal niet snel terugkeren.

Ben ik daar héél rouwig om? Euh, nee. Voor mij voelde kantoor ook al vóór de coronacrisis uit de tijd. Als roken in het vliegtuig, als zonnen zonder je in te smeren en als vlees eten zonder dat je daarbij denkt aan de gevolgen voor dier en milieu – als een hopeloos verouderde mastodont – en de coronacrisis heeft dat alleen maar zichtbaarder gemaakt.

Want tuurlijk, het was hartstikke gezellig in de drukke, open kantoortuin, en je kon er prima in je agenda bladeren, 'afspraken inschieten', 'deepdives' maken, 'brainstorms' en al die andere onzin waar niemand iets verder mee komt. Maar werk waarvoor je de diepte in moet – werk dat je baas van je verwacht, zeg maar – daar kwam je niet aan toe.

Mensen kregen ook stress in al die drukke kantoren, en meldden zich er vaker ziek dan in een kantoor met meer aparte kamers, en daarvoor begonnen steeds meer experts en wetenschappers te waarschuwen. Eigenlijk was de kantoortuin al op weg naar de uitgang, maar er was nog geen bittere noodzaak om hem af te schaffen. Die is er dankzij het coronavirus nu wél.

Je hoort soms architecten of CEO's zeggen dat de open kantoortuin de 'communicatie, de samenwerking en de innovatie bevordert' – maar daar moet ik altijd heel hard om lachen. Want de ervaring leert dat dergelijke kantoren de samenwerking juist belemmeren, omdat mensen zich er terugtrekken achter hun scherm en hoofdtelefoons opzetten.

Ja, maar zo'n kantoor is wel lekker goedkoop omdat je er meer mensen per vierkante meter in kan proppen, zeiden sommige werkgevers eerlijk. Maar dat was ook onzin. Want als zich meer mensen ziekmelden door het lawaai en de stress, kost het ziekteverzuim misschien nog wel veel meer geld.

BESTAAT ER EEN 'CORONAPROOF' KANTOOR?

Maar ja, hoe moet het nieuwe kantoor er dan uit gaan zien? Het kantoor post-corona? Vertel dát dan maar eens, mevrouw de kantoorexpert, als je het zo goed weet – als ik een euro had gekregen voor elke keer dat iemand me die vraag gesteld heeft, was ik nu miljonair.

Kort antwoord: ik weet het eigenlijk niet. Ik snap dat jullie van mij een harde en duidelijke strategie verwachten, net als zekerheden, actieplannen en afvinkbare taaklijsten, maar die zijn er niet. Want we weten domweg niet wat het virus gaat doen. Of welk virus dan ook dat ongetwijfeld nog gaat volgen.

Ik kan wel zeggen wat ik hóóp dat er zal gebeuren met de kantoortuin. En dat is dat we de coronacrisis aangrijpen om kantoren beter te maken.

WEG MET DE FLEXPLEK

Want wat zou het mooi zijn als we door de coronacrisis ruimere werkplekken krijgen, dat we minder dicht op elkaar zitten zodat we ons beter kunnen concentreren op ons werk. Wat zou het mooi zijn als de verfoeide, onpersoonlijke flexplekken voorgoed werden afgeschaft omdat het niet hygiënisch is als er steeds iemand anders zit.

Wat zou het ook mooi zijn als we zouden stoppen met vergaderen, en niet alleen omdat het risico op besmetting in een vergaderzaal groot is, maar gewoon omdat vergaderen niet werkt, daar is inmiddels voldoende wetenschappelijk bewijs voor.

Niet dat het makkelijk zal worden om je collega's op afstand te houden. Want wat doe je met collega's die doodleuk vragen of je even op hun scherm kunt meekijken? Die elkaar op twintig centimeter afstand dingen uitleggen? Die oude bekenden om de nek vliegen, die koffie gaan halen voor elkaar of, nog erger, dicht bij elkaar bij de koffieautomaat staan te kletsen?

Denken jullie dat zzp'ers die geen geld krijgen als ze niet op het werk verschijnen, thuis zullen blijven als ze zich grieperig voelen? Dat we alle niezende hooikoortspatiënten naar huis gaan sturen? Dat we onze baas zullen aanspreken op onveilig gedrag?

Nee hè?

De kantoortijger is nu ook niet bepaald de meest hygiënische diersoort ter wereld – daar maak ik me ook zorgen over. Want denken jullie nou echt dat iedereen z'n werkplek steeds goed zal schoonhouden, dat iedereen zal blijven hoesten in z'n elleboog en z'n kopjes zal afwassen?

Als mensen hun handen nú al niet wassen na het plassen, waarom zouden ze dat dan wel ineens gaan doen nu er toevallig een dodelijk virus door de wereld raast?

En dan zijn er nog de werkgevers die hun personeel heel graag weer terug willen zien op kantoor, en daarom corona omschrijven als 'een griepje' – ik verwacht dat veel horrorfilms zich de komende jaren op kantoor zullen gaan afspelen.

VEEL KNOFLOOK ETEN

Ik eet zelf uit voorzorg dus maar heel veel knoflook sinds ik weer terug ben op kantoor – ik stop standaard een paar verse tenen in mijn laptoptas. Verder was ik mijn kleren niet meer. Dat helpt al enorm om iedereen op afstand te houden. Maar ik vrees dat er nog veel meer moet gebeuren – kantoren zullen moeten worden verbouwd.

Misschien is het zelfs nog beter om kantoren in drukke binnensteden te sluiten en die te verhuizen naar leegstaande loodsen in weilanden, zo schreef een collega me. In de binnenstad loop je veel te veel mensen tegen het lijf, zijn vierkante meters kostbaar en wordt het al snel proppen. 'We kunnen misschien een leegstaande hangar van de KLM overnemen,' schreef ze, 'en daar de bureaus in een eindexamenopstelling neerzetten.'

Wat ook kan: meer wandjes – terug naar een eigen kamer voor iedereen, heerlijk. Met een deur die je dicht kan doen. Veel lezers die me de afgelopen maanden schreven, zouden dat het liefste zien. En grotere bureaus. Denk aan 'boardroomtafels' waar de ene collega aan het ene hoofd, en de andere aan het andere zit.

Ik vrees dat we de liften moeten afschaffen. Ik denk dat veel mensen ze nog lange tijd zullen willen mijden, tenzij we met persluchtmaskers gaan werken, maar dat lijkt me niet heel realistisch. Ik vrees dus dat we alle hoge kantoortorens moeten sluiten – tot ziens, Zuidas. Misschien kunnen we daar gaan wonen – lekker dicht bij kantoor – en als we dan van de trappen afdalen naar ons werk, hebben we meteen een ommetje.

Of de gangen! Daar kun je bij het passeren vaak écht geen anderhalve meter afstand houden, zo hebben veel lezers me laten weten. Het is ook nog niet duidelijk wat we met de airco moeten – raak je daar nu wel of niet door besmet? Misschien moeten we *Heel Holland Bakt*-tenten opzetten en daarin gaan werken, met de flappen open zodat er voldoende ventilatie is – ook in de winter. Dan weet je tenminste zeker dat je goed zit en heb je altijd gebak in de buurt – wel koud, maar dat was het in de meeste kantoren toch allang.

HANDS-ON WORDT HANDS-OFF

Dit tijdperk is in ieder geval het einde van het 'hands-on-type'. Dat wordt 'hands-off'. Voor knoppen en deuren krijgen we stemherkenning. Dat je een wind laat en dat de deuren dan openzwaaien bijvoorbeeld. Of dat je tegen de wc roept: 'Spoel maar ff extra door, want ik heb gisteren Indiaas gegeten' – je blijft met je tengels van die vieze knoppen af.

Daar gaan we trouwens roosters voor maken, voor de toiletten – wie wanneer mag en hoelang. Als het te krap wordt, vrees ik dat we over incontinentiemateriaal moeten gaan nadenken.

Ik verwacht ook veel van gezichtsherkenning. Dat de koffieautomaat meteen aan je gezicht ziet dat je een dubbele espresso nodig hebt, of een bloody mary bij een kater. Dat hoef je dan niet meer in te toetsen – superpraktisch ook. En er komt éénrichtingsverkeer – van die IKEA-looproutes met pijlen op de grond met hier en daar een doorsteek naar de printer.

Maar de grootste aanpassing vergt, vrees ik, de planning wie wanneer naar kantoor komt en wie niet – allemaal tegelijk, ik vrees dat dat nog even moet wachten. Alleen de mensen die écht iets te zoeken hebben op het werk zullen de komende tijd mogen komen, de rest blijft thuis – ook heel goed tegen files. Wél lastig voor managers wier enige bijdrage het is om aanwezig te zijn.

We zullen veel meer per toerbeurt gaan werken. De programmeurs bijvoorbeeld 's nachts, met pizzadozen, als ze dat willen; de ouders van tien tot twee en de singles van vier tot tien 's avonds.

We zullen ook meer in het weekend moeten gaan werken, dan zijn we doordeweeks vrij. Maar we gaan ook op woensdagen en vrijdagen werken. Veel mensen weten dat niet, maar dat zijn ook gewoon werkdagen. Ik hoor wel eens dat het fijn is om dan vrij te zijn, omdat de kinderen dat ook zijn. Tja, kinderen willen zoveel. Ze willen ook een Xbox, krijgen ze die ook? Of elke dag ijs en chips, nee hè? Dus daar kunnen we kort over zijn.

MEER THUISWERKEN! OF OP BARBADOS!

Maar ik zou het het mooist vinden als we standaard wat minder naar kantoor hoeven komen. Ik zou het überhaupt geweldig vinden als mensen van hun baas veel meer zélf mogen bepalen waar ze gaan werken.

Want dit zou het kunnen zijn: het einde van de tijd dat we duizenden mensen in een gebouw stouwden, puur omdat we dat nu eenmaal altijd al deden. Barclays, Google, KPMG, ABN, British Telecom, Facebook, Twitter – allemaal hebben ze op afstand werken omarmd als iets wat standaard veel meer dagen per week zou kunnen. En veel mensen wíllen dat ook, zo blijkt uit enquêtes.

Thuiswerken! Natuurlijk. Tijdens de coronacrisis hebben we bewezen dat het kan. Ouderen geeft het de rust om langer door te werken als ze niet meer dagelijks hoeven te reizen, vergaderingen hoeven niet meer standaard twee uur te duren omdat het anders zonde is van ieders komst naar kantoor, en af en toe pauze van je agile kwakende manager – daar wordt iedereen beter van.

Maar je hoeft niet eens thuis te werken. Je kunt ook prima naar Texel rijden en daar je laptop openklappen – kilometers lege stranden. Of naar Raalte, Rijs of Rozendaal – even de wifi doortrekken, een goede stoel neerzetten en klaar ben je.

Ik zag op LinkedIn iemand die met een camper door het land trok. In de bloedhitte stond hij dan in Friesland, aan het water. Hij had van het fietsenrek op de achterkant een staplek gemaakt; vergaderen deed hij wandelend, in de natuur, met als enige lawaai de vogels en de eendjes. Ik keek naar zijn foto – zelden een tevredener 'thuiswerker' gezien.

Ook prima: werken in een boomhut, een hotel, of in een luxe limousine met chauffeur, zoals advocaat Mickey Haller in de boeken van Michael Connelly.

Maar waarom de grens trekken bij Nederland?! Vóór het coronavirus was werken in het buitenland alleen bereikbaar voor avontuurlijke, hippe, digitale nomaden, nu kunnen zelfs ambtenaren van de Belastingdienst het. 'Als ik een neutrale achtergrond in Zoom kies, heeft niemand door dat ik al weken in Suriname zit,' slackte een collega.

Ik zag een advertentie over Barbados met als boodschap: kom naar onze witte stranden! – als je momenteel op kantoor zit terwijl je dit leest, of in een saaie buitenwijk van Almere, zou ik dat even niet googelen.

IS DIT DAN HET EINDE VAN DE KANTOORTUIN?

Zullen kantoren dan helemaal verdwijnen? Nee joh, natuurlijk niet! Er zullen altijd mensen zijn die graag op kantoor willen werken. Dat zou je bijna vergeten, maar die zijn er gewoon. Een goede vriendin belde me dat ze thuiswerken vreselijk vindt. Haar gezellige huis verandert dan in een kantoortuin waar de stress tussen de muren blijft hangen, ook 's avonds. Voor haar geeft kantoor juist de vrijheid.

Maar er zijn ook mensen die op 30 of 40 vierkante meter wonen. In een drukke buurt, met buren boven en onder. Voor hen betekent kantoor rust. En zeeën van ruimte. Vergeet ook niet dat niemand zonder z'n collega's kan, ook daarom zullen er altijd kantoren blijven. Maar ik hoop wel dat dat een heel ander kantoor zal zijn dan zoals we dat nu kennen.

Want als we íéts geleerd hebben van de coronacrisis,

is het dat 100 procent thuiswerken voor niemand goed is, maar 100 procent op kantoor ook niet.

Weet je wat ik dan ook hoop dat de toekomst van kantoor zal zijn? Mijn eigen, nieuwe, revolutionaire en innovatieve kantoorconcept, het 'Japke-d.-werkcafé'. Ik noem het even 'revolutionair en innovatief' omdat mensen revolutionaire dingen altijd heel interessant vinden.

Het is het idee dat kantoor er niet is om te werken, maar om collega's te ontmoeten, als in een gezellig café. Om elkaar te zien, om van elkaar te leren, om te praten over het vak, voor de gezelligheid en om nieuwe ideeën te bespreken. Maar dat als er écht gewerkt moet worden, je naar huis gaat, of naar een andere plek waar je graag zit, dat je werkt waar je productiviteit het hoogst is. Waar telt wat je dóét, in plaats van je aanwezigheid. Als je dat slim organiseert, heb je als werkgever straks zelfs helemaal geen kantoorruimte meer nodig.

Want zo'n werkcafé kun je ook in een museum vestigen, in een galerie, een Nutellawinkel, congrescentrum, in de Efteling, in een hotel of restaurant – de kantoren bouwen we om tot woonruimte. Wat ook kan: veel meer regionaal gaan zitten. Dus iedereen in zijn eigen woonplaats of vlak daarbij.

Dat is wat ik hoop.

ALLEMAAL TERUG NAAR KANTOOR

Wat ik dénk dat er gaat gebeuren is iets heel anders. Natuurlijk, als het coronavirus of wat voor virus dan ook een vast onderdeel blijft van ons leven, zal het fysieke kantoor er over honderd jaar heel anders uitzien dan nu.

Maar ik vrees dat zodra de virussen weer weg zijn en het weer kan, iedereen zo snel als mogelijk massaal zal terugkeren naar kantoor, met z'n allen in de file zal gaan staan en we weer hutjemutje aan onze bureaus gaan zitten.

Zo zijn we ook gehersenspoeld, hè, de afgelopen decennia. Het kantoor is de arena waarin het allemaal gebeurt, de plek waar carrières gevierd worden. De plek met de glimmende entreehal, de parkeergarage, de '*indoor food-court*' (bedrijfsrestaurant), de koffiebarretjes met de havermelk-lattes en de avocadotoast.

De plek waar vergaderd wordt ook, waar 'stappen gezet' worden, waar de stippen op de horizon je om de oren vliegen, waar de dossiermappen rondlopen – het is allemaal gebakken lucht. Maar wil je je profileren, dan mot je naar kantoor.

De kantoortuin gaat nooit verloren.

HOE OVERLEEF JE DE GROEPSAPP VAN JE WERK?

De laatste tijd krijg ik steeds vaker de vraag hoe je de groepsapp van het werk overleeft. Of je mensen mag waterboarden die daar details over hun nare buikgriep delen, of je er collega's moet feliciteren of juist niet, of je een dag vrij mag nemen als je gék wordt van alle meldingen – lieve mensen, ik weet het niet.

Sterker nog, ik weet helemaal *níéts* over groepsapps op het werk. Ik zou het dolgraag willen, maar mijn collega's houden me er angstvallig uit omdat ze bang zijn in mijn boeken terecht te komen – en terecht.

En dus informeerde ik er maar eens naar op Twitter, hoe mensen de werkapp overleven. Er ging een wereld voor me open.

Want het is oorlog in de meeste teamapps, zo blijkt. Oorlog tussen de collega's die de app de hele dag volspammen met recepten, kattenfilmpjes en meldingen over hun laatste steenpuisten; en aan de andere kant de collega's die een diepe haat hebben voor de groepsapp, maar er niet uit kunnen omdat ze anders te veel informatie missen, zoals roosterwijzigingen of vergaderingen die later beginnen.

Die oorlog kun je alleen overleven 'zoals je een zandstorm overleeft, een wandeling door de Kalverstraat, of tinnitus,' mailde een collega, 'zo veel mogelijk proberen te negeren, dus meldingen uitzetten.'

Anders word je horendol. Horendol van de veertig keer 'gefeliciteerd' als een collega jarig is. Horendol van de veertig keer 'bedankt' of 'fijn' of 'goed geregeld' als iemand voor een zieke een cadeautje heeft gekocht; gek van de veertig vinkjes als bevestiging na het invullen van de enquêtes voor de profielwerkstukken van iemands kind – o man.

Ik zou zeggen: stop gewoon met al die nutteloze meldingen. Stop allereerst met het typen van 'ik ook', en stop daarna met vage mededelingen als 'ik voel me niet lekker' (BEN JE NOU ZIEK OF NIET?), stop met 'spirituele rukspreuken met zonsondergangfoto's', zoals een lezer schreef en stop met die 'schijtemoji van die twee gevouwen handen'. Stop gewoon met álle emoji's in de werkapp. Veel dank, namens de haters.

Maar IETS BETER LEZEN zou ook al HEEL VEEL helpen, zo schreven mensen (ik heb nog nooit zoveel kapitalen gelezen als over dit onderwerp). Dus als iemand vraagt: 'kan morgen iemand de vergadering voor me waarnemen' of: 'wil je alleen reageren als je MEEGAAT met het teamuitje', reageer dan **niet** met: 'ik kan niet', 'ik kan vrijdag', 'ik heb al een andere meeting', 'jammer, ik kan niet', 'kun jij dinsdag voor míj waarnemen', MAAR REAGEER ALLEEN ALS JE KUNT OF ALS JE WÉL MEEGAAT.

Waar we ook mee stoppen in de werkapp: opscheppen over je eigen functioneren. Dat je zo'n 'geweldige presentatie bij de klant hebt gegeven' en dan de slijmballen die reageren met 'cool', 'topper!' Daar heb je LinkedIn voor.

Ook vreselijk: mensen die gezellige een-tweetjes gaan doen in de app en dat alle andere collega's dan moeten meelezen – 'get a room', schreef iemand, of beter nog: maak daar een aparte app voor.

Dat werd sowieso vaak geopperd: maak aparte groepapps voor gelijkgestemden. Zo las ik over een groepje gynaecologen dat een serieuze groepsapp had voor werkgerelateerde zaken én een groepsapp getiteld 'de vrolijke gynaecoloog' (ik durfde niet te vragen wat ze daar delen, ik hoop geen foto's).

Over foto's gesproken: stop met al die fotobombardementen van teamuitjes, borrels of recepties en kies gewoon één foto en klaar. Kinderfoto's en die van huisdieren zijn verboden, 'tenzij pasgeboren', zo vonden veel mensen.

Let er bij zo'n geboorte dan nog wel even op dat er geen bloederige details, tepels of stukken navelstreng te zien zijn. Tenzij per ongeluk verstuurd. Dan mag wél alles, zo hoorde ik.

Een per abuis verstuurde naaktfoto bijvoorbeeld is natuurlijk hartstikke prima. Net als per ongeluk opgenomen gênante gesprekken, dronken borrelfoto's van collega's die dat liever geheim hadden gehouden of het geroddel over collega's die GEWOON IN DE APP ZITTEN – heerlijk. 'Ik lees sowieso alleen de appjes die beginnen met "oeps, verkeerde groep",' schreef een twitteraar.

Is er dan helemaal niemand blij met de appgroep van het werk? Natuurlijk wel. Maar diegenen zijn zwaar in de minderheid en weten waarschijnlijk niet dat ze gehaat worden door hun collega's – ik denk dat we daar eerlijk over moeten zijn.

Er zijn zelfs mensen die met opzet elke morgen een quote van de dalai lama op de werkapp zetten, een 'woke up this morning-selfie', en een bloemenfoto, puur om de groepsapp te saboteren. Lieve mensen, dat is niet de oplossing.

De échte oplossing is natuurlijk een stilte-app. Een app waarvan iedereen lid is maar waarin niéts gebeurt. Geen berichten, geen emoji's, geen ergernissen. Ik zeg: doen.

Moedig voorwaarts sowieso.

WE GAAN STOPPEN MET 'ONBOARDING'

Van al het tenenkrommende jargon dat op kantoor gebruikt wordt, krijg ik de meeste klachten over het jeukwoord 'onboarding'. Terecht. Want het betekent 'zorgen dat nieuwe collega's goed voorbereid aan hun baan beginnen', maar het *klínkt* natuurlijk supermal – als het begin van een horrorcruise waar iedereen steenkolenengels spreekt.

Al best lang geleden begonnen mensen er tegen me over te klagen. Of ik de term 'onboarding' niet kon verbieden en of het de wereld uit mag. Sindsdien blijft het klachten regenen.

Of er geen Nederlands woord voor is. Alsof we 'het schip ingaan', alsof 'de boot aan is', alsof je eeuwig moet blijven ronddobberen na je 'onboarding-programma'.

Maar er zijn ook veel mensen die écht niet weten wat het betekent. Die vragen of het iets als 'waterboarden' is. Of je je paspoort moet meenemen, of je een zwemvest krijgt. Mensen die boos zijn als er helemaal geen boot blijkt te zijn op hun onboarding. En dan word je daar vaak ook nog eens in het diepe gegooid, schreven mensen. 'Zodra je onboarding hoort, moet je meteen de "emergency exit" opzoeken,' fulmineerde ooit een hater op Twitter in een discussie met voor- en tegenstanders van de term.

Want ja, voorstanders, die zijn er natuurlijk ook! Sterker nog, er zijn 'seminars' over onboarding, er studeren mensen op af, en je hoort het mensen van personeelszaken zeggen alsof het de normaalste zaak van de wereld is. Ontslag noemen ze trouwens 'offboarding', ik verzin dit niet.

Er zijn zelfs bedrijven waar de medewerkers nieuw personeel in stewarduniformen verwelkomen met boardingpassen, schreef een twitteraar me huilend van ellende – en ik huilde uitbundig mee.

Maar goed, die voorstanders dus, die vinden onboarding 'een handige verzamelterm', omdat alles wat moet worden ondernomen voordat nieuwe collega's met hun baan beginnen eronder valt, zo legde een van hen me laatst geduldig uit op Twitter.

Dus de toegangspassen die moeten worden gemaakt, rondleiden, systemen die moeten worden uitgelegd, een wenperiode, kennismaken met collega's, de bedrijfsvisie en -missie die uit de doeken gedaan moet worden – al die dingen vallen onder onboarding.

'Inwerken', 'inweken', 'inwijden', 'inburgeren', 'ontgroenen', of 'wegwijs maken', door de haters als alternatieven genoemd, dekken daarom de lading (!) niet, vinden de 'hardcore onboarders'.

Bovendien is het altijd nog beter dan 'we bedruipen je met ons DNA', 'we gaan je onderdompelen' of je een 'inhoudelijke kickstart' geven. Dat horen lezers ook wel eens –

brrrrrr. Dan noem ík het zelfs liever onboarding!

Er was op Twitter behoorlijk wat ruzie over. Een hater van het woord 'onboarding' merkte op dat 'je woordenschat gewoon tekortschiet' als je er geen Nederlands alternatief voor kunt bedenken. Waarop een onboarder riposteerde dat 'je gevoel voor taal tekortschiet als je het verschil niet ziet tussen inwerken en onboarden (inlijven, inschepen en laten landen)'.

Maar wacht eens. Las ik daar het woord 'inschepen'? Als dat ook een synoniem is voor 'onboarden', waarom gebruiken we dát dan niet? Het is ook een scheepvaartmetafoor, het is Nederlands, en je raadt het nooit: iedereen was het er op Twitter mee eens!

Voor het werven van personeel kunnen we dan 'ronselen' of 'aanmonsteren' gebruiken – we zitten tenslotte allemaal in hetzelfde schuitje – en ontslag noemen we dan 'afschepen', las ik in de verheugde reacties.

Of nou ja, daar léék iedereen het mee eens. Want vlak daarna kreeg ik weer allemaal jargonhaters achter me aan. 'Het jeukwoord "onboarding" vervangen door het scheurbuikwoord "inschepen", dát gaan we dus niet doen,' schreef een van hen teleurgesteld.

En dus nam ik maar weer eens een diepe duik (!) in alle vragen, ergernissen en opmerkingen die ik ooit over onboarding kreeg en ineens zag ik het: een woord dat me in al zijn klaarheid aanstaarde. Een woord dat vroeger, toen 'human resource management' nog gewoon 'personeelszaken' heette, óók al gebruikt werd, en iedereen wist wat het betekende.

Dat woord was, hou je vast: 'introductieperiode', of 'introductieprogramma', of nog korter: 'introductie'. Woorden die iedereen kent en waar niemand jeuk van krijgt. En het mooiste: zelfs de critici waren het ermee eens!

Dus bij dezen, en ik ben er best een beetje emotioneel van dat ik dit mag bekendmaken: vanaf vandaag is het woord 'onboarding' officieel verboden en heet het gewoon weer 'introductieperiode'. Het hele land kan weer opgelucht ademhalen.

'Nu nog iets bedenken voor de "employee journey",' schreef iemand. Stapje voor stapje, jongens. Stapje voor stapje.

Alle jeukwoorden de wereld uit.

VROUWEN MOETEN MEER BLUFFEN OP HET WERK

Als ik dit hoofdstuk nou eens zou beginnen met de woorden dat ik supergrappig ben, dat ik wekelijks columns schrijf in de beste krant van Nederland, dat ik een succesvol bestsellerauteur ben, dat ik in de top 10 van 'topvoices' van LinkedIn sta, een veelgevraagd spreker ben op congressen, een awesome rockstar en een retegoeie eindredacteur – nee hè? Dan zouden jullie toch zeggen: het klópt allemaal wel, maar mag het een onsje minder?

Ik heb precies hetzelfde, hoor. Ik hou niet van opscheppen. Het maakt je niet groter maar juist kleiner, is mijn overtuiging.

En toch hoor ik overal mensen opscheppen, vooral mannen. Jullie moeten het maar zeggen als het niet klopt, hoor, maar ik heb zelden volwassen vrouwen gezien die in bomen klimmen om indruk te maken, die urenlang oreren hoe ze een primeur lospeuterden of hoe ze bij de MediaMarkt hun staafmixer een tientje goedkoper kregen. Hoe ouder mannen worden, hoe erger het ook lijkt te worden met dat gebluf.

Klopt, zei mijn goede vriend A. toen ik hem er laatst naar vroeg: mannen bluffen meer dan vrouwen en daar beginnen ze op het schoolplein al mee – 'ik heb een piemel, mijn piemel is groter, ik heb twee piemels', dat werk. Vooral mannen met broers zijn er volgens hem goed in. 'Zelfs op schrikdraad plassen heeft mij er niet van weerhouden ermee door te gaan. Dat zegt genoeg.'

Klopt, zegt ook Caro van Roon als ik haar erover bel. Mannen bluffen vaker dan vrouwen. Zoveel vaker zelfs dat ze besloot om blufcursussen voor vrouwen te gaan geven om de achterstand op kantoren wat weg te werken.

Waaróm mannen meer bluffen dan vrouwen? Van Roon denkt dat het een combinatie is van cultuur en opvoeding. Van vrouwen wordt vaker verwacht dat ze het gezellig houden, mannen worden aangemoedigd elkaar uit te dagen. Mannen hebben daardoor vaak een enorme ervaring met afwijzing – als je duizend keer bent afgewezen, kan de duizend en eerste keer er ook nog wel bij. Maar belangrijker: vrouwen wéten vaak niet eens dat het loont om te bluffen.

Want dat is de naakte waarheid, en ik viel ook van mijn stoel toen ik het hoorde: mensen die bluffen krijgen meer salaris en hogere baantjes, zegt Van Roon – en de mensen die geduldig afwachten tot ze gevraagd worden, worden tien jaar later verlept achter een kantoorplant gevonden. Al die keren ogenrollend wachten tot mijn mannelijke collega's klaar waren met hun stoere verhalen was dus het domste wat ik had kunnen doen. Ik had er juist bovenop moeten springen.

Toen ik dat tot me liet doordringen hoorde ik allemaal

kwartjes vallen. Maar ik vroeg me tegelijk af of het nou wel zo'n goed idee is als vrouwen nu óók nog gaan bluffen. Want als iedereen bluft, wie zégt dan nog dat het bluf is? Kunnen we niet beter de mannen op een cursus 'stoppen met bluffen' sturen?

Van Roon wenst me veel succes. Mannen gaan niet naar een cursus bescheidenheid, denkt zij. Zelfs op haar cursus 'bluffen voor mannen' kwam geen hond opdagen, want dat kunnen ze al, denken ze.

Natuurlijk, het mooiste zou zijn als vrouwen en mannen meer met elkaar over dit onderwerp gaan praten en van elkaar zouden leren, zegt Van Roon. Maar tot die tijd kan het écht geen kwaad als vrouwen zich wat minder bescheiden opstellen en wat vaker duidelijk zeggen dat ze goed zijn in hun werk. Dus vooruit dan maar.

Weten jullie al dat ik supergrappig ben, dat ik wekelijks columns schrijf in de beste krant van Nederland, dat ik een succesvol bestsellerauteur ben, dat ik in de top 10 van 'topvoices' van LinkedIn sta, een veelgevraagd spreker ben op congressen, een awesome rockstar en een retegoeie eindredacteur?

Joe, bij dezen.

DOE TIJDENS JE VAKANTIE NOU EENS HELEMAAL NIKS

Wat mij vaak opvalt, is dat jullie op vakantie zelden 'vrij' zijn. Dat hou ik in de gaten. Want dan zitten jullie in een hotel, op de camping of op een zeilboot, maar dan twitteren jullie wel gewoon door over werk. Of jullie nemen vakliteratuur mee! Dat snap ik al helemaal niet.

Zo twitterde ooit iemand dat hij tijdens zijn vakantie in de meegenomen vakliteratuur 'stromend leiderschap' had horen langsklotsen en nu een waterhoofd heeft; durfde een ander niet meer terug naar kantoor omdat een collega had gemaild na de vakantie 'ergens *quick and dirty* met een satéprikker doorheen te willen gaan'; wilde een derde vanuit Rio de Janeiro graag van me weten wat 'aanjaagcirkels' zijn (ik denk een soort hoepels); en was een vierde bang dat 'de stevig neergezette laterale spin-off van de op haar werk ingezette draagvlakverbreding' bij terugkeer uit Frankrijk als een boemerang in haar gezicht uiteen zou spatten.

Maar ik heb ook lezers die me midden in de nacht vanuit San Francisco (lokale tijd) mailen dat ze erachter waren gekomen dat een 'change enablement lead journey to cloud program' geen stervensbegeleider is, maar gewoon een IT-manager; dat 'moonshots' geen selfies zijn van mensen die *moonen*, maar 'noodzakelijke veranderingen die er ook écht moeten en gaan komen'; of me vanaf de Antillen vragen wat 'waardegedreven leiderschap' is (welke waarde? Een hoge waarde? Een lage waarde?), wat een 'beweging van onderop' is (die heb ik zelf altijd als ik een vette hamburger gegeten heb) of 'een groeidocument dat met discussie verrijkt wordt'.

Jongens, hou daar eens mee op.

Of althans, je mag me altijd alles vragen op Twitter, LinkedIn of waar dan ook, dat weten jullie, maar NIET tijdens je vakantie.

Vakantie is er voor vakantie. Dan zet je je sociale media uit, trek je je gele Speedo aan, ga je vieze tapas eten, vogels kijken, door saaie musea sloffen of rondjes wandelen met je dierbaren, maar je gaat niét over je werk lezen of mailen. Sterker nog: doe nou eens helemaal niéts tijdens je vakantie.

Je hoort wel eens dat de zomer de ideale periode is om na te denken over je toekomst, maar dat is natuurlijk je reinste onzin. Piekeren doen we het hele jaar al. Laat de zomer nou eens echt vrij zijn, vrij van alles.

En als je dan terugkomt op kantoor, hou dat gevoel dan eens vast, en neem ook in werktijd af en toe vakantie. Dat zei Ryan Burke ooit tegen me, de 'senior vice president sales' van Invision, een bedrijf waar alle (!) werknemers al jaren (!) thuiswerken. Ik vroeg hem of hij nog een tip had voor de kantoortijger en hij zei: 'Ga naar buiten, ga koffiedrinken, ga ontbijten, met wie dan ook. Blijf niet de hele dag op kantoor zitten. Bouw een netwerk. Ga leven.'

Beter had ik het zelf niet kunnen zeggen.

AGILE WERKEN? DEZE AGILE-COACH IS ER HELEMAAL KLAAR MEE...

Scrummen, product owners, backlogs, stand-ups, chapter leads, tribes, squads en roadmaps: als bedrijven 'agile' gaan werken – dat betekent 'wendbaarder', 'flexibeler' – gaan ze heel raar praten. 'Agile' werd natuurlijk niet voor niets al een paar keer uitgeroepen tot jeukwoord van het jaar.

Ik zie op Twitter veel mensen die zich afvragen of 'agile' geen oude wijn in nieuwe zakken is. Want bedrijven moesten toch altijd al flexibel en wendbaar zijn? Maar het meest opmerkelijk vond ik de reactie die Jasper Guldemond me ooit stuurde. Ook hij noemt het agile-jargon 'dikdoenerij'. Maar... Guldemond is zélf agile-coach!

Een agile-coach die het agile-jargon afkeurt. Het moet niet gekker worden.

'Het klinkt paradoxaal, weet ik. Maar ik ben oud-leraar Nederlands. Ik ben voor klare taal. Ik denk dat al dat agile-jargon de ambities van "agile" in de weg zit.'

Je noemt jezelf nota bene 'agile-coach'.
'Ja, want ik geloof dus wel in het *principe* van agile werken. Agile is voor mij een verzamelwoord voor wendbaarder, flexibeler werken, met zelforganiserende teams. Maar die termen die erbij horen, kunnen me gestolen worden.'

Zullen we ze anders even doorlopen, die termen? 'Product owner' bijvoorbeeld.
'Dat is iemand die bepaalt waaraan gewerkt wordt.'

'Scrum-master'.
'Dat is het hulpje van het team dat zorgt voor de middelen die nodig zijn.'

'Hulpje'. Dat klinkt niet cool.
'Wat is er mis met dienend zijn?'

'Roadmap' dan.
'Dat is de route naar de droom die je wilt bereiken. Daarin benoem je de zaken die je onderweg wilt realiseren.'

'Stand-up' of 'daily scrum' (jeuk).
'Dat is "afstemmingsmoment".'

Dat jeukt ook behoorlijk, hoor.
'Haha, ja, nou vooruit. "Overleg" dan.'

'Squads', 'tribes'.
'Een squad is een team en een tribe is een afdeling met meerdere teams.'

'Backlog'.
'Dat is een lijst van miniproductjes die je wilt maken. Maar ik zoek ook nog naar betere synoniemen, hoor. Ik vind wel dat we normale taal moeten gebruiken. Want door die Engelse termen maken we agile tot iets van de elite. Dan wordt het te veel een verhaal van goeroes en wordt het alsnog een ingewikkeld verhaal. Terwijl, als je het agile-gedachtegoed écht toepast, het juist andersom zou moeten zijn, namelijk dat agile de organisatie volgt om het boerenverstand van de mensen die het moeten gaan doen, de ruimte te geven. Het zou juist simpel moeten zijn.'

Ik sprak ooit de 'chief engagement' van het Wereld Natuurfonds. Hij zei dat de agile-termen verplicht zijn om chaos te creëren, zodat iedereen zich opnieuw gaat afvragen wat zijn of haar functie is binnen het bedrijf.
'Flauwekul. Ik snap niet dat die mythe nog bestaat. Je moet die termen ook verplicht leren voor het examen scrummaster. Maar het gaat helemaal niet om de termen, het gaat om de *toepassing*. Het gaat erom hoe je met je bedrijf anticipeert op (mogelijke) veranderingen. Agile is een handvat. Geen manifest.'

Agile is ook niks nieuws, toch?
'Klopt. Ik vergelijk het vaak met hoe boeren al van oudsher werken. Als je regen verwacht, ga je eerder hooien, eerder oogsten of mest uitrijden.'

Agile is een evangelie.
'Ja. Een geloof. En een evangelie is geen blauwdruk. Van het evangelie over Jezus zijn niet voor niets vier versies.'

Je kunt het ook een sprookje noemen.
'Haha. Het is in ieder geval een krachtig verhaal met een boodschap.'

Je schreef in je blog over agile dat mensen 'er klaar mee zijn'. Ik citeer: 'Klaar met pretenties, klaar met silver bullets, klaar met alles wat ons wordt opgelegd en klaar met alles wat gepresenteerd wordt als "dit is het helemaal".'
'Ja. het was een tijdje leuk, die "fancy taal". Nu moet er weer boerenverstand komen.'

Wat vinden de bedrijven die jou inhuren daarvan?
'Ik merk dat ze graag agile-termen gebruiken. Want ze willen laten zien dat ze echt aan het veranderen zijn. Ik probeer hun te leren dat het niet om de termen gaat, maar om de werkelijke verandering. Dat blijft een boodschap waar niet iedereen op zit te wachten.'

Dan mag jij je ook geen 'agile-coach' meer noemen.
'Dat zou mooi zijn, maar voor 'agile' heb ik nog geen alternatief, dus ik gebruik het woord nog, om te laten zien wat ik doe.'

Slimmer, flexibeler werken?
'Dat dekt de lading ook niet helemaal.'

Ik zal eens vragen of mensen een alternatief weten.
'Goed idee! Ik hoor het graag.'

...MAAR WEET JIJ EEN ANDER WOORD VOOR 'AGILE'?

Worstelde ik in het vorige hoofdstuk met een 'agile coach' over de term 'agile'; op Twitter wilden ze dolgraag meedenken over alternatieven voor alle termen die daarmee te maken hebben. Ik werd platgemaild, -ge-LinkedInd en -getwitterd.

Het onderwerp leeft, zou je kunnen zeggen.

Er waren mensen bij die het allemaal niet zoveel kon schelen hoe je 'agile' noemt – 'ik vind het allemaal best, als het maar hands-on is'. Er was ook kritiek waarom ik per se Nederlandse woorden wilde vinden, dat het 'geforceerd naar Nederlandse termen zoeken niet opschiet' en dat de Engelse termen juist handig zijn, omdat iedereen ze gebruikt. 'Ik heb ook een hekel aan zinloos Engels,' schreef iemand, 'maar voor agile is gewoon geen alternatief.'

Maar veruit het merendeel van de lezers was het met me eens: het agile-taaltje is doorgeslagen. Een van de critici schreef dat 'agile' een typisch geval van 'ernstig vieze imponeertaal' is, een ander noemde het 'organisatieporno', weer een ander 'een managementmodel om zelf niet meer te hoeven nadenken' en de laatste dat agile werken vaak alleen buitenkant is en de uitwerking er in de praktijk vaak bij inschiet. 'We gaan weer gewoon doen,' luidde de hartenkreet van een agile-scepticus. 'Dit kan zo niet langer en daar zijn we zó aan toe.'

Werden er ook bruikbare alternatieven genoemd? Jazeker.

Voor 'backlog' bijvoorbeeld. Twitteraars kwamen met 'werklijst', 'werkvoorraad', 'achterstand', 'achterstallig werk' en 'kluslijst'. 'Een backlog is (een overzicht van) alles wat nog niet af is,' schreef iemand. 'En daar moet je handig doorheen manoeuvreren. En dat gemanoeuvreer heet tegenwoordig agile.'

'Scrummaster'. Daarvoor had ik 'hulpje van het team' bedacht, maar op Twitter vond men 'werkbegeleider', 'voorman', 'teamleider' en 'regelaar' beter.

Dan de 'product owner'. Is dat iemand die bepaalt waaraan gewerkt wordt? De suggesties op Twitter waren korter, namelijk 'planner', 'opdrachtgever' en 'afnemer'. Iemand schreef: 'is een "product owner" niet gewoon de pineut?' Dus dat zou ook nog kunnen.

Maar het belangrijkste woord waarvoor we een alternatief moeten vinden is natuurlijk 'agile' zelf. 'Behendig' werd het vaakst genoemd, want 'daar schemert vakmanschap in door', schreef iemand. Een ander opperde 'wendbaar vernieuwen'. Ook genoemd: 'lenig', maar goed, dat kan ook op een turnkampioen of iets met ballet slaan.

'Pragmatisch werken' vond ik zelf beter. Of 'adaptief werken'. Maar ja, doen we dat niet allemaal? Iemand pleitte voor 'de rehabilitatie van het woord "boer"; helper in het creëren van randvoorwaarden om het beste product te kunnen oogsten'. Maar het is lang geleden dat ik heb lopen mesten of zaaien op mijn werk. Boerenverstand is prima, maar om daar nou meteen boer voor te moeten worden? Nee, liever niet.

Toen ik alles gelezen had, dacht ik ineens: waarom benoemen we het überhaupt, dat agile werken? Iedereen werkt toch allang flexibel en wendbaar of zou dat moeten doen? Iedereen voert agile op zijn eigen manier in, dus waarom zou je het dan als een universeel recept met een naam en universele ingrediënten presenteren? Het zou geen naam mogen hebben, bedoel ik. Noem het liever 'boerenverstand, gemixt met een luisterend oor', zoals iemand opperde. Of 'voorelkaarkrijgkunde' zoals een ander suggereerde. Of, nou ja, benoem het gewoon níét.

De vraag is natuurlijk of bedrijven nog wel agile wíllen werken, als het geen hippe naam meer heeft. Want dan is het geen hype meer, waar je onder het mom van 'kijk mij nou nieuw zijn' achteraan kunt hollen.

En moet je écht agile gaan werken.

IK ZIT OP KANTOOR LIEVER IN EEN DAL DAN OP DE TOP

Waar ik dus heel nerveus van word, zijn van die managementgoeroes van wie je allemaal bergen moet beklimmen.

Zoals de schrijver en columnist van de *New York Times* David Brooks, die er zelfs ooit een boek over schreef: *The Second Mountain*. Daarin legt hij uit dat we allemaal 'de eerste berg' van ons leven beklimmen, namelijk die van succes, scoren, reputatie, werk en carrière; maar dat we pas écht gelukkig kunnen worden als we ook een *tweede* berg beklimmen, namelijk die van de betekenisgeving, het omzien naar anderen en het onderdeel uitmaken van een hoger, breder gedeeld levensdoel.

Die tweede berg kunnen we volgens Brooks alleen bereiken nadat we door een diep dal zijn gegaan en we erachter komen dat het ware, bestendige geluk bestaat uit momenten van intense, gedeelde ervaringen met anderen. En dat de eerste berg alleen vluchtig succes brengt.

Het toeval wilde dat ik toen dat las, ik net zélf op een berg stond, de Tafelberg om precies te zijn, en daar was ik met mijn dochter helemaal op eigen kracht op geklauterd

– de kabelbaan was in revisie. Met recht een intense, gedeelde ervaring. Ik constateerde dat mijn leven daardoor zeker meer vervuld was dan ervoor, maar merkte ook dat ik alweer aan het uitkijken was naar nieuwe, volgende bergen.

Want dat is natuurlijk een beetje het nadeel van bergen als metafoor: als je er eentje bedwongen hebt, wil je er steeds meer op, en, ook al zo menselijk, wil je steeds hoger. Ik vreesde daar op de Tafelberg dat er binnenkort weer een andere managementgoeroe zal opstaan die zegt dat er niet twee, maar drie, wat zeg ik: dat je een heel gebergte op moet voor je gelukkig kunt worden. En voor je het weet ben je je hele leven bergen op aan het zwoegen zonder ooit rust te vinden.

Waarom moet je trouwens per se door een diep dal voor je een volgende berg op kan? Je hoeft de ene berg toch niet helemaal af om de volgende te kunnen beklimmen? Wat is er sowieso mis met afdalen? Ik ben vaak gelukkiger als ik daal dan als ik stijg.

Maar ik dacht vooral: waarom moeten we eigenlijk altijd naar de top in onze carrière? Zeker op kantoor zit ik zelf vaak liever in een dal. Daar is het een stuk minder eenzaam, waait het minder hard, kun je nog eens een praatje maken met gelijkgestemden, zijn er veel meer mensen die je kunnen adviseren – er zijn een stuk meer ervaringsdeskundigen in een dal dan op de top – en staat veel vaker het bier koud.

Zou het niet veel beter zijn als we ons werk zo zouden zien? Niet als een top waar iedereen een potje gaaf zijn zingeving en targets staat te halen, maar als een dal waar we samenkomen, elkaar steunen en tips geven? Laten we eens wat vaker met elkaar meedenken.

Een van mijn beste adviezen over bergen kreeg ik ooit van een wijze Zuid-Afrikaan. Hij legde me uit dat je een berg niet altijd helemaal op hoeft om gelukkig te worden, je kunt ook tot halverwege gaan, dan heb je vaak al heel veel moois gezien. En dat leek me nou ook een handige tip voor jullie. Want dat doen we maar zelden, hè – halverwege genieten van het uitzicht.

Van de onweerstaanbare mondhoek van je collega, de dauwdruppel op een roos in het plantsoen, een zonnestraal op de printer, een glimmende punaise, een tafel vol vrienden, de snorharen van je kat, een grap van je kind, het glanzende kaftje om een volstrekt nutteloos rapport, de regen die goddank weer tegen de ruiten klettert – er is zoveel om te koesteren. Stop eens wat vaker halverwege, adem in, adem uit, en kijk om je heen.

Zeker in een wereld waar managementgoeroes je maar blijven opjagen om altijd maar hoger te klimmen.

THUISWERKEN MET JE FAMILIE, DAT IS DE HEL

O jongens, ik vond het altijd zo heerlijk – thuiswerken. En toen het voor het eerst voor iedereen verplicht werd tijdens de coronacrisis, voelde ik dat ik het land wel eens even zou laten zien hoe geweldig het is. Ik droomde stiekem dat het coronavirus uiteindelijk louter goeds zou opleveren – waardering voor het thuiskantoor, productieve, gelukkige, blakende, vrolijke werknemers en weg met de kantoortuin!

En daar wezen de eerste reacties ook op in die tijd, op Twitter. Gelukzalige foto's van katten op toetsenborden, sokken op de bank, voeten op de kachel, honden met de kop op schoot.

Mensen die in een dag thuiswerken af kregen waar ze in de kantoortuin minstens drie weken voor nodig hadden. Mensen die voorzichtig opperden of ze, ook na de crisis, een paar vaste dagen mochten thuiswerken.

Uitgeruste kantoortijgers die niet meer elke dag anderhalf uur in de file heen en terug hoefden en zich afvroegen hoe ze dat ooit hadden volgehouden. Überhaupt minder files. Schonere lucht.

Vergaderingen die ineens in een kwartier bleken te kunnen waar vroeger minstens een uur voor stond, of nog beter: een mail in plaats van een 'mieting'. De eigen koffie, eindelijk. De heerlijke stilte thuis, en zonder koptelefoon.

Vertedering over een teckel die blaffend door het huis rent op zoek naar de bron van de stemmen van collega's die hij op de speaker hoort. De wasjes die je tussendoor kunt draaien. De eitjes die je kunt bakken, op slippers in je badjas. Dat je een wijntje open kunt trekken tijdens werktijd (naam bij redactie bekend). 'Opvallend hoeveel mogelijk is,' schreef iemand, 'als niet iedereen er eerst een plasje over hoeft te doen.'

Natuurlijk, er waren ook mensen die pruttelden over het overbelaste netwerk. Dat ze zich ontheemd voelden zonder kantoor. Dat ze in een 'stand-up' via Skype niet konden controleren of iedereen ook écht stond. Dat ze te veel snoepten en dat de iPad steeds in de boter viel. Maar die waren in de minderheid. De rest begon langzaam het licht te zien. Er waren er zelfs al die opperden om kantoor helemaal af te schaffen... ik genóót.

Maar toen begon het. Echtparen die zich aan elkaar begonnen te ergeren. Ruzie over de muismat. 'Mijn man blijkt alleen maar thuis te kunnen werken met de televisie aan!' 'Mijn man zegt ineens "we gaan het probleem platslaan"!' 'Mijn man zit al vanaf 7.00 uur vanochtend onafgebroken te bellen!' Irritaties over niet-afgewassen kopjes.

'Samen thuiswerken,' schreef iemand, 'hoort in het rijtje "samen een Ikea-kast in elkaar zetten", "samen met de boot door de sluis" en "samen naar een vakantieadres navigeren".' Er waren al mensen die een belcel begonnen te timmeren in de tuin en de eerste echtscheidingen werden stiekem aangevraagd.

Maar de genadeklap kwam toen de scholen (tijdelijk) dichtgingen en de thuiswerk-utopie in een nachtmerrie veranderde. Want met je levenspartner thuiswerken is al een 'uitdaging', met je héle familie is het de hel, zo bleek al heel rap. Lezers begonnen in snel tempo noodberichten te sturen.

De Duplo waar je nu nog vaker je tenen aan openscheurt. De lamlendige pubers die geen reet aan school willen doen, die voor je voeten liggen. Kleuters die met stift op de muren kalken terwijl jij in je joggingbroek een scrumsessie probeert te leiden. Dat je geen porno meer kunt kijken omdat iedereen om je heen hangt. Dat je ineens rekensommen moet gaan uitleggen die je zelf niet eens snapt, terwijl je over een halfuur een belangrijke 'pitch' moet geven waar je carrière van afhangt.

Iemand die spullen op kantoor mocht ophalen, schreef: 'Nooit gedacht dat ik zo verlangend naar mijn bureautje zou kijken. En dat na één dag thuiswerken!' 'We moeten afspraken gaan maken,' schreef een ander, 'want anders hangt het bloed binnen een paar dagen aan de muur.'

En zo werd al na twee dagen verplicht met je gezin thuiswerken de tweedeling zichtbaar: mensen zonder kinderen krijgen tijdens hun thuisretraite allemaal briljante ideeën voor boeken en trainingen, kunnen uitslapen en typen rapporten af die al maanden lagen te wachten – de ouders zijn het kind van de rekening.

Toen ik de premier het volk zag toespreken, dacht ik dan ook: lieve Mark, vraag álles van ons. Vraag ons hospitalen te bouwen, dijken te verhogen, toiletpapier aan te voeren, wat dan ook. Maar vraag ons niet om thuis te werken met onze dierbaren.

Ik heb op dit moment maar één oplossing: óf alle kinderen afstaan voor adoptie, óf alle ouders met speciaal verlof.

Leve het onderwijs sowieso.

DIT IS HET ERGSTE JARGON IN HET ONDERWIJS

Op school geef je les, de rest is bijzaak. Zou je denken. Toch hoor ik steeds meer scholen jargon gebruiken dat op het eerste gehoor weinig met lesgeven te maken heeft. Zoals 'integrale visie', leerlingen die 'in hun kracht gezet worden', 'multidisciplinaire zorgteams', 'verticale vakinstellingen' en 'intersectorale profielen'. Het *AD* interviewde me ooit als 'vaagtaalspecialist' en legde me een aantal van die termen voor – ik wist niet wat ik hoorde.

Ik zag op Twitter dat er ook al scholen zijn waar leerlingen 'staand vergaderen', 'mindmappen', 'agile werken' en hun doelstellingen 'SMART' formuleren. Kunnen ze in ieder geval scrummen als ze van school komen.

Maar er zijn ook leerlingen die 'opstromen' of 'afstromen' – dat is dat ze een niveau hoger of lager naar school gaan. Alsof het zalmen zijn, schreef iemand op Twitter, die tegen de stroom in of met de stroom mee zwemmen. Ik denk overigens altijd aan leerlingen die door een rioolbuis geperst worden als ik het hoor.

Of wat dacht je van de term 'flipped classroom'. Dat is

geen 'punkband uit eind jaren zeventig', zoals iemand op Twitter dacht, maar het betekent dat leerlingen de lesstof zelf moeten bestuderen en dat de tijd in de klas wordt gebruikt voor vragen.

Iemand die zich ook ergert aan al dat jargon en al die hypes in het onderwijs, is Conrad Berghoef. Hij is leraar Nederlands op het mbo en weet hoe je moet lesgeven: zijn leerlingen droegen hem ooit voor als beste leraar van het ROC Friese Poort in Drachten. Beroepsorganisatie Onderwijscoöperatie benoemde hem vervolgens tot 'leraar van het jaar' van heel Nederland. Volgens de jury is Berghoef 'een docent die zich volledig in dienst stelt van zijn leerlingen, en niet bang is om op lange tenen van beleidsmakers te staan in zijn pogingen het imago van het leraarschap te verbeteren'.

Ik vroeg hem naar het ergste onderwijsjargon. Hij deed onder meer een oproep op de Facebook-pagina van mbo-docenten Nederlands en kreeg een lawine aan suggesties. Ik liep zijn top 10 – 'je had ook een top 300 kunnen maken, er is zóveel jargon in het onderwijs' – met hem door.

Op tien staat 'onderwijsvernieuwing'. Vernieuwing is toch goed?

'Natuurlijk moet je mee met je tijd. En dat doe ik ook. Maar het onderwijs krijgt zóveel onnodige vernieuwing over zich heen dat het niet meer gezond is. De meeste hypes sterven gelukkig een stille dood, zoals het Studiehuis en de Tweede Fase in het voortgezet onderwijs en het Competentiegericht Onderwijs in het mbo. Maar lesprogramma's zijn voor niks op hun kop gezet, er is met kinderen geëxperimenteerd en het was allemaal nergens voor nodig. We hebben dus eerder onderwijs*veroudering* nodig dan onderwijsvernieuwing, zeg ik altijd.'

Op negen: 'activerende didactiek'. Docenten moeten leerlingen prikkelen en uitdagen, lees ik op veel schoolensites.

'Ja, vreselijk. Alles moet tegenwoordig leuk zijn in het onderwijs en ik moet de hele tijd lesgeven met "passie" en "inspiratie". Natuurlijk moet je je leerlingen geregeld opzwepen, maar ik vind dat ze er ook recht op hebben om af en toe in slaap te vallen in mijn les. Ze zullen namelijk ook wel eens iets moeten aanhoren wat ze saai vinden. Als ik alle hulpmiddelen – ze heten tegenwoordig *tools* – die zijn ontwikkeld om leerlingen te activeren gebruik, zoals quizjes voor op de smartphone, interactieve apps voor het "digiboard" of presentatieprogramma's als Prezi, dan is iedereen bekaf aan het eind van de dag.'

Op acht: 'opbrengstgericht' en 'ontwikkelingsgericht werken', 'vraaggestuurd onderwijs' en 'hersenactief leren'. Dat had ik vroeger niet hoor, in de klas.

'Ach, hou toch op. Ik krijg vooral jeuk van dat soort holle termen. Allemaal dingen die allang gedaan worden. Want hoezo opbrengstgericht? Leverde het onderwijs vroeger dan niets op? En ontwikkelingsgericht: alle lessen zijn er toch op gericht leerlingen te ontwikkelen? Of vraaggestuurd onderwijs, dat de leerling "eigenaar is van zijn eigen leerproces": jeuk! Dat betekent dat leerlingen zelf mogen bepalen wat ze leren en hoe ze dat willen doen. Hartstikke leuk, maar daar haal je je examen niet mee. En hersenactief leren is al helemaal vaag.'

Hoe activeer je de hersenen van je leerlingen? Met een stroomstoot?
'Haha, ik denk het. Maar er zijn dus blijkbaar ook vakken waar je je hersenen bij uit kan zetten. Allemaal modetermen om indruk mee te maken op de ouders.'

Wie bedenken al die modetermen dan?
'Onderwijskundigen. Daarvan komen er steeds meer in het onderwijs. Ik snap nooit zo goed wat ze er doen, want ik heb niet zoveel aan ze. De meesten hebben nog nooit voor een klas van dertig pubers gestaan en als je ze er zou neerzetten, dan zouden ze binnen tien minuten gillend wegrennen.'

Op zeven: 'gepersonaliseerd onderwijs'. Onderwijs helemaal voor jezelf!
'Ja. Het betekent dat je voor elke leerling een eigen "leerroute moet creëren". Maar dat kán helemaal niet. Dan zou ik er, alleen op deze school al, 3.300 moeten maken. Bovendien ligt het curriculum – wat álle leerlingen moeten leren – gewoon vast. Ook dat is dus weer een marketingpraatje. Net als "transparant onderwijs", dat is gewoon een lesprogramma dat iedereen kan inzien op de website van de school.'

Op zes: 'feedback'. Dat is toch 'kritiek'?
'Klopt, maar kritiek mag niet meer in het onderwijs. Je moet leerlingen positief benaderen. Maar wat is er mis met kritiek? Feedback is een laffe, benepen en eufemistische term die snel moet worden afgeschaft. Kritiek of commentaar krijgen leerlingen straks ook op hun werk, hoor.'

Op vijf heb je 'stakeholders' gezet. Ik schrijf zelf altijd 'steakholders' en dan hoop ik dat iemand mijn steak even wil vasthouden terwijl ik een biertje haal.
'Haha, ja, een compleet overbodige term. Scholen bedoelen er belanghebbenden mee, zoals ouders, leerlingen, docenten en stagebedrijven, maar als je ze zo gaat noemen, moet je voor je het weet ook een beleidsplan maken hoe je ze gaat "bedienen", hoe je ze gaat "engagen" en hoe je ze gaat "positioneren in de regio". Hou toch op, noem het gewoon "betrokkenen".'

Op vier: 'coach'. De nieuwe leraar?
'Sterker nog, ik ken scholen waar alle leraren zijn afgeschaft en alleen nog maar coaches werken. Of erger nog: "procesbegeleiders". "Leraar" is kennelijk een besmet woord geworden. Waarom? Ik zeg op verjaardagen graag dat ik leraar ben, ik ben trots op mijn vak. Coaches heb ik op mijn voetbalclub, hier op school wil ik leraren.'

Op drie: 'de leerling centraal'.
'Vreselijk. Wat moet er ánders centraal staan in een school? De nieuwbouw, de roosters, de auto van de directeur? Wees

dus op je hoede als een school zegt dat de leerling er centraal staat. Dan is er waarschijnlijk iets mis.'

Op twee: 'excellent onderwijs'.
'Ook zo erg. Alles moet tegenwoordig excellent zijn in het onderwijs. Dat wordt ook beloond hè, de minister trekt het land door en deelt taarten uit voor "excellentie".'

Ik wou dat ik vroeger excellent onderwijs gehad had.
'Nou, zo excellent is het allemaal niet, hoor. Het is niet meer dan een pr-dingetje waarmee scholen zich profileren, een kunstmatig schild voor de buitenwacht, iets wat ze op hun website mogen zetten en op een bordje aan de gevel. Terwijl ik denk: is het écht zo excellent en blijf je dan altijd excellent? En zijn er dan ook kapotslechte scholen en moeten díé dan niet ook een bordje aan de gevel? Ik zou zeggen: laten we eerst eens proberen goed onderwijs te leveren. Dan zien we daarna wel verder.'

En dan op één, tromgeroffel: '21st-century skills'. Wat is dat?
'Dat betekent dat scholieren in de eenentwintigste eeuw een andere soort kennis en vaardigheden nodig hebben dan die in de twintigste eeuw.'

Het klinkt als een soort Star Trek.
'Ha ja, cool hè? Maar het slaat nergens op. Want waarom zouden kinderen in de eenentwintigste eeuw heel andere dingen moeten kunnen en weten dan kinderen in de twin-

tigste eeuw? Het moeten toch nog steeds complete mensen worden? Ik vind het bovendien onverstandig dat er met die term zoveel nadruk gelegd wordt op "skills", vaardigheden. Alsof parate kennis niet meer van belang zou zijn. Al die skills worden bovendien bedacht door experts die hun onderwijs in de twintigste eeuw hebben gevolgd, dus voor hen waren die twintigste-eeuwse vaardigheden blijkbaar wél genoeg. Ik zou zeggen: laat docenten zelf bepalen wat hun leerlingen nodig hebben.'

Ik hoor onderwijsvernieuwers ook wel eens zeggen dat parate kennis niet meer nodig is omdat je alles kan googelen op je laptop. Dan hebben ze het over 'ontscholen' en dat leerlingen zelfstandig moeten werken in een 'leercentrum'.
'Volstrekte onzin. Parate kennis, overgedragen door een leraar, zal altijd nodig blijven. Hoe weet je anders wáár je moet googelen. En naar wát?'

Voel je jezelf wel eens een donquichot die vecht tegen alle onderwijsvernieuwing?
'Soms voel ik me wel zo. Er zijn veel mensen die vinden dat ik ouderwets ben en mee moet met alle vernieuwing. Aan de andere kant zie ik ook hoeveel reacties ik kreeg op mijn oproep om onderwijsergernissen te delen én zie ik hoe populair de serie *De Luizenmoeder* is die al die gekke modes op school op de hak neemt. Dus ik weet niet welke beweging gaat winnen. Ik hou je op de hoogte.'

IN JE KRACHT STAAN: WAT IS DAT EN HOE KOM JE ERIN?

Het maakt niet uit *wie* ik het vraag, altijd als ik mensen vraag wat ze op kantoor de meest jeukende jeukuitdrukking vinden, zeggen ze 'in je kracht staan', 'iemand in zijn kracht zetten' of 'in je kracht komen'. Mensen zijn er allergisch voor, zo blijkt. Ik natuurlijk ook.

Gelukkig mocht ik er eens over praten met Pep Degens. Hij is expert op het gebied van 'Kom in je Kracht'-trainingen (KIJK). En nee, zegt hij, hij heeft er nog nooit jeukbultjes van gekregen.

Het gesprek is nog niet eens begonnen, of ik heb al jeuk.
'Haha, ik herken dit helemaal niet! Ik vind "kom in je kracht" stoer klinken.'

Het klinkt gewoon afschuwelijk.
'Daar denken mijn cursisten dus heel anders over. Mijn trainingen zitten altijd vol.'

Wat betekent het precies, in je kracht staan?
'Als je in je kracht staat, doe je de dingen op de manier zoals je ze zelf wilt doen, en niet omdat ze moeten. Veel mensen hebben zichzelf allemaal gedrag aangeleerd en zijn verkrampt geraakt. Omdat hun ouders dat wilden, hun leraar, hun baas, hun voetbaltrainer. In mijn training probeer ik die laag van aangeleerd gedrag af te pellen, zodat ze niet meer doen wat ze moeten, maar wat ze willen.'

Je kan toch niet alleen maar dingen doen die je wilt. Mijn baas ziet me aankomen.
'In elk leven zitten dingen die móéten. Maar als je *te veel* dingen doet die moeten, kun je beter een ander leven kiezen, of een andere baan.'

Je kan toch niet zomaar een ander leven kiezen.
'Je hebt altijd veel meer te kiezen dan je denkt. Bedenk maar eens hoeveel keuzes je in het verleden hebt gemaakt. Zo kan het dus ook in de toekomst.'

Is het fijn om in je kracht te staan?
'Ja. Mensen zeggen dat ze zich dan lichter voelen, bevrijd. Ik zie ze altijd een beetje rozig worden, alsof ze een innerlijke sauna hebben gehad. Ze zijn milder, zachter en steviger.'

Ik voel me momenteel goed over mijn werk. Maar ik ben niet rozig of zachter. Of steviger.
'Haha. Dan sta je waarschijnlijk nog niet helemaal in je kracht.'

Moet je de hele tijd in je kracht staan?
'Nee, dat kan niet. Soms moet je tijdelijk buigen voor het leven. In gevallen van ziekte, als er dierbaren overlijden – dan kan ik nog zo hard roepen "kom in je kracht", maar zo werkt dat natuurlijk niet.'

Hoe zet u iemand in zijn kracht?
'Ik gebruik een korte vragenlijst waar een bepaald profiel uit rolt. Daaraan kan ik zien waar de kramp zit, gebrekkig zelfvertrouwen of bijvoorbeeld een teveel aan aangeleerd gedrag waar iemand vanaf moet. Daarna gaan we met oefeningen aan de slag.'

Hoe zien die oefeningen eruit?
'Nou, dat kan er keihard aan toegaan. Laatst had ik een mevrouw die te dik was. Ik heb haar rondgeduwd door het cursuslokaal, haar verrot gescholden, ze moest huilen, het is totaal niet leuk om zoiets te zien. Maar ik móést weten waarom ze zichzelf niet kon veranderen.'

Dat is toch gevaarlijk, om iemand zo te behandelen?
'Uiteraard had ze daar toestemming voor gegeven. Ze zei na afloop: "Veel mensen durven niet te zeggen: ja, je bent gewoon te dik." Ze had er de oorzaak voor haar eetgedrag door gevonden, zei ze.'

Kan zo iemand niet beter naar een psycholoog gaan? U heeft er niet voor doorgestudeerd.
'Ja, ik heb haar met de grond gelijkgemaakt, maar ook weer

opgebouwd. Daar heb ik de afgelopen jaren goede resultaten mee behaald.'

Hoe weet u dat u niet per ongeluk de verkeerde laag van iemand afpelt?
'Je kunt die laag herkennen doordat de deelnemer zelf gek wordt van dat gedrag. Hij of zij weet best dat het hem of haar niet helpt.'

Zijn er ook mensen die als ze in hun kracht staan *minder* leuk worden?
'Nee. Je bent altijd een leuker mens zonder aangeleerd, onnatuurlijk gedrag. Vergelijk het met hoe je bent als kind.'

Er zijn ook stomvervelende kinderen.
'Haha, ja. Maar het kind dat in je zit is altijd leuker dan het aangeleerde, onnodige gedrag dat volwassenen vaak laten zien.'

Iedereen is in de kern een leuk mens.
'Dat zeg ik niet. Wel een *leuker* mens. Ook die zeurende klaagbox bij jouw koffieautomaat. Als we allemaal in onze kracht zouden staan, zou het veel leuker zijn op kantoor.'

MICROSOFT IS SEKSISTISCH

Als kind dacht ik altijd dat woorden neutraal waren. Een boom is een boom, een baas is een baas, een brug is een brug – hoe moeilijk kan het zijn? Tot ik de uitdrukking 'een boom van een vent' ontdekte, ik merkte dat 'bazig' vrijwel alleen voor vrouwen wordt gebruikt (en 'de baas' vaker voor mannen) én ik een artikel in *de Volkskrant* las waarin werd uitgelegd dat het grammaticaal geslacht van een woord beïnvloedt hoe mensen het waarderen.

Zo blijkt uit onderzoek dat Duitsers het woord 'brug' als 'mooi' en 'elegant' typeren – in het Duits is 'Brücke' vrouwelijk – en Spanjaarden een brug als 'sterk' en 'stevig' – in het Spaans heeft 'puente' een mannelijk lidwoord.

Dat is allemaal geen toeval, zegt dr. Ingrid van Alphen als ik haar erover bel. Van Alphen is taalwetenschapster bij de UvA en ze onderzoekt stereotypering door taal. Taal is helemaal niet neutraal, want woorden hebben sociale betekenissen, zegt zij. 'In de taal is de man vaak de norm, het vertrekpunt, de maat der dingen, en is de vrouw vaak ondergeschikt.'

Als voorbeeld van dit 'androcentrisme' noemt Van Alphen het woord 'slaapsteden'. Dat zijn steden waar mensen alleen slapen om vervolgens weer naar hun werk te gaan. 'Maar wie zijn daar vaak ook overdag?' vraagt Van Alphen, 'zeker in de tijd dat deze term bedacht werd? Juist, vrouwen en kinderen. Zij worden in zo'n woord volkomen onzichtbaar gemaakt.'

Of kijk naar allerlei opsommingen waarin eerst het mannelijke en pas daarna het vrouwelijke wordt genoemd, zoals 'vaders en moeders'; 'zonen en dochters'; 'jongens en meisjes'; 'mannen en vrouwen'. Pas als mensen zich realiseren dat dames voorgaan, zeggen ze 'dames en heren' – dat is de enige uitzondering.

Ook blijkt dat het voor vrouwen wel positief is om 'one of the boys' te zijn, of een 'tomboy', maar wordt het als een belediging gezien om mannen 'one of the girls' of 'meisjesachtig' te noemen. Er zijn ook geen 'powermannen', louter 'powervrouwen': bij vrouwen moet de power blijkbaar apart worden vermeld – de mannelijke pendant van de term 'werkende moeder' bestáát niet eens.

Maar er gaat pas écht een roze en blauwe wereld voor me open als Van Alphen me wijst op de vooroordelen in het computerprogramma Word. Als je daar een woord intypt en er met je rechtermuisknop op gaat staan, verschijnt er een 'synoniemenlijst' die zó stereotiep is dat ik er bijna een feministische attaque van krijg.

Zo staan er bij het woord 'vrouw' bijvoorbeeld als eerste opties 'echtgenote, eega, gade, gemalin en moeder'; en verschijnt bij het woord 'man' als eerste optie 'baas' (!) – en pas op nummer 19 'echtgenoot'. Verder is een 'man' volgens deze lijst zelfs nooit 'vader', maar gelukkig wel een 'vent'.

Ik zou zeggen: hoog tijd voor een flinke feministische schoonmaak, Microsoft! En als jullie dan toch bezig zijn, kunnen jullie misschien meteen uitleggen waarom 'lef' in onze samenleving altijd in verband wordt gebracht met ballen en nooit met de clitoris, waarom 'branie' bijna nooit iets is wat aan vrouwen wordt toegeschreven, waarom een 'collegaatje' nooit een man is en waarom er geen 'bomen van vrouwen' bestaan.

Ik ken er namelijk genoeg.

HET 'DAAR HEB JE HAAR WEER'-EFFECT

Veel mensen denken dat ik een man ben als ze mijn naam zien. Ze weten niet dat achtervoegsels als 'je', 'ke' en 'kje' in het Fries vaak betekenen dat van een mannennaam een vrouwennaam gemaakt is, bij mij wellicht ooit van 'Jaap'.

Zo gaat het ook met beroepen: mensen denken als eerste dat het een man is als ze 'wetenschapper' of 'staatssecretaris' horen. Pas na even denken weten ze dat het ook een vrouw kan zijn, maar automatisch gaat dat niet in de hersenen, zo blijkt uit onderzoek.

Zelf vind ik het stiekem wel fijn als mensen denken dat ik een man ben. Ze vinden je dan eerder geloofwaardig, er wordt minder snel gedacht dat je gelijke rechten voor vrouwen en mannen nastreeft (dat noemen ze met een vies gezicht een 'feministische agenda') en er wordt minder snel gevonden dat je je eigen geslacht niet mag afvallen. Ik bedoel: als je er openlijk voor uitkomt dat je een vrouw bent, kun je meer tegenwind verwachten dan als je dat in het midden laat. Ik noem dat altijd het 'daar heb je haar weer'-effect.

Dat effect zag ik ook toen ik in het vorige hoofdstuk over Ingrid van Alphen schreef. Er ontspon zich een discussie op Twitter over haar keuze om zichzelf 'taalwetenschapster' te noemen, in plaats van 'taalwetenschapper', omdat dat de positie van vrouwen verbetert.

Een aantal mensen vond dat onzin, dat ze haar vrouwzijn zo nadrukkelijk benoemde, en wat een gedoe! Moest er dan voor elke functie een vrouwelijke variant bedacht worden? Anderen merkten op dat 'wetenschapster' lelijk klonk en 'niet bekte', of we een vrouwelijke staatssecretaris dan misschien 'staatssecretaresse' moesten noemen (hahaha!) en er waren (vooral) mannen die vonden dat we ons met 'belangrijker zaken moesten bezighouden' – dat betekent: 'hou toch je mond'.

Ik was zelf niet zo onder de indruk van die argumenten. Want hoezo is het erg als een functietitel 'niet bekt'. Alsof 'Liquid Handling Automation Pre-Sales Specialist' of 'Human Behaviour Manager' – ik verzin ze niet – dat wél doen. En hoezo moeten we ons met belangrijker zaken bezighouden? Dat argument hoor ik zelden als ik over minder relevante onderwerpen schrijf dan de positie van vrouwen.

Want het heeft dus wel degelijk invloed op de beeldvorming als je je als vrouw 'taalwetenschapster' noemt, of 'columniste', zegt Ingrid van Alphen als ik haar terugbel over het onderwerp.

Zo blijkt uit onderzoek dat tijdens de Duitse verkiezingen van 2001 een groep kiezers eerder zei te gaan stemmen op een vrouw als hun gevraagd werd 'op welke politica of politicus' ze zouden stemmen dan als hun werd gevraagd 'op welke politicus'.

Uit ander onderzoek bleek dat vrouwen eerder solliciteren als er in de vacature loodgietster/loodgieter staat, in plaats van 'loodgieter m/v'. Ook blijkt dat meisjes al op jonge leeftijd bepaalde beroepen in hun hoofd 'overslaan' als ze alleen maar over de 'mannelijke' variant horen. Dus ja, ik krijg commentaar als ik me 'columniste' noem, maar ik doe het dan maar, voor de goede zaak.

Daarom, hou je vast: hier alvast wat meer vrouwelijke functienamen. Ik vond het helemaal niet moeilijk ze te bedenken, ik schudde ze zo uit mijn mouw: 'premièra' voor premier, 'staatssecretarista' voor staatssecretaris, 'commentatrix' voor commentator, 'dokteraise' voor dokter, 'meesteres in de letteren' voor 'master of arts' en econome en kantooramazone voor ondergetekende – duh, daar heb je háár weer, hoor. Inderdaad.

Wen er maar aan.

DIT IS EEN ODE AAN ALLE ZZP'ERS...

Laatst vroeg iemand waarom ik altijd over kantoortijgers in loondienst schrijf en nooit eens over al die zzp'ers die in hun eentje thuis, bij de Coffee Company of in een flexkantoortje zitten te buffelen – zonder baas, zonder vakantiegeld en zonder recht op WW.

Daar had die lezer natuurlijk wel een punt. Want er komen steeds meer zelfstandigen zonder personeel bij. Het zijn er nu al meer dan een miljoen, op een beroepsbevolking van rond de negen miljoen. Als die allemaal naar Den Haag zouden trekken om te protesteren op het Malieveld met hun Nespressomachines was er morgen helemaal geen Malieveld meer – gelukkig hebben ze daar geen tijd voor.

En dus vroeg ik zzp'ers op Twitter wat hun grootste ergernissen en vreugdes zijn. Daar wilden ze best iets over zeggen, zo bleek. Zeker om alle vooroordelen te ontkrachten die geregeld over hen de ronde doen. Dat ze veel snoepen, altijd maar uitslapen, koffiedrinken en rondhangen in hun ochtendjas. 'Alsof we de hele dag lopen te lummelen!!' schreven enkelen me woedend.

Jongens, rustig.

Want die ochtendjas werd in de reacties toch écht wel als voordeel van het zzp'er-schap genoemd. Het kan natuurlijk aan mijn lezers liggen, maar een aantal zit wel degelijk thuis achter hun scherm te verslonzen zonder corrigerend ondergoed, te strakke pumps of stropdassen – en waarom ook niet!? Heerlijk!

Ook heerlijk: dat je als zzp'er je eigen kantoor kunt inrichten, compleet met vibrators, *slowjuicers*, palmbomen of wat je verder nooit een bedrijf in zou krijgen. Dat je kunt werken 'zonder gezeik en zonder klootviolen', 'zonder idiote slangenkuilen' en dat je lekker buiten kunt lopen (met of zonder hond) wanneer jíj dat wilt, zo schreven zzp'ers.

Heel fijn ook dat je nooit meer naar een stom bedrijfsuitje hoeft, dat je nooit meer gevraagd wordt 'waar je jezelf over vijf jaar ziet', maar dat je in plaats daarvan 's ochtends in je bed van de filemeldingen kunt genieten.

Ook heel prettig: dat je geen vijf loketten langs hoeft voor toestemming, stempels en handtekeningen voor je aan het werk kan. Dat je kan werken 'op je eigen biologische klok', 'op zondagochtend in anderhalf uur kunt afmaken waar je in een kantoortuin een hele dinsdag mee bezig was', 'dat je meer tijd voor je gezin vrij kunt maken en toch voldoende kunt verdienen' (het was een man die dit schreef) en dat je 'een uur racefietsen kunt wegschrijven als concept-design-uren'.

Maar ja, er zijn ook nadelen. Dat mensen denken dat je als zzp'er gratis werkt bijvoorbeeld, omdat 'dat goed is voor je zichtbaarheid'. Dat opdrachtgevers verwachten dat je even naar de andere kant van het land komt voor een voorbespreking zonder dat je er iets voor krijgt.

Al die ingewikkelde factureersystemen en betaalportals ook, met wisselende wachtwoorden en ordernummers. Dat het maanden duurt voordat je betaald krijgt, áls je al betaald wordt. Om over tarieven die al jaren niet meer geïndexeerd zijn nog maar te zwijgen.

En dan nog al die mensen die denken dat je 'een balanstrutje bent met een bijbaantje als hobby', zoals een zzp'er schreef. Sowieso al die familie, vrienden én partners die denken dat je de hele dag zit te niksen. 'Mensen zien niet hoe hard je werkt, maar alleen dat je dinsdagmiddag bij de kapper zit,' schreef een zzp'er.

Maar het meest slopend voor de zzp'er blijft natuurlijk de onzekerheid. Of je over vijf of tien jaar ook nog opdrachten hebt. Dat je niet voor je pensioen kunt sparen omdat je nú al amper rondkomt. Dat je niet op vakantie kunt, want dan krijg je geen geld, dat je amper nee durft te zeggen, en maar blijft doorwerken.

Dat collega's in loondienst er met je ideeën vandoor gaan. En ja, natuurlijk is het soms eenzaam, zonder collega's en zonder baas om overal de schuld van te kunnen geven. Halverwege het lezen van al die ellende dacht ik ineens: ik zou wel een ode willen schrijven aan al die zzp'ers die dit dagelijks voor hun kiezen krijgen. Sterker nog, laat dit die ode zijn! Respect, jongens.

Maar ik dacht ook: moeten we niet gewoon allemáál in opstand komen – loonslaven én zzp'ers?

Want het is toch eigenlijk van de zotte dat mensen

zzp'er moeten worden voordat ze prettig kunnen werken? Dat meer dan een miljoen mensen in Nederland hun zekerheid moeten opgeven omdat bedrijven hun winsten aan aandeelhouders geven in plaats van aan de mensen die hun bedrijf maken tot wat het is?

Want het is toch een symptoom dat de banen zo vreselijk of onbereikbaar zijn geworden dat je óf zelfstandig verder moet gaan óf de hele dag in saaie vergaderingen moet zitten? Kom op, werkend Nederland, hoelang gaan we dit nog pikken?

Ik zou het Malieveld maar in de gaten gaan houden komend jaar.

...MAAR DAT WOORD 'ZZP'ER', DAT VIND IK EEN ROTWOORD

Maar als ik het woord 'zzp'er' hoor, ben ik altijd een stuk minder positief. Dan moet ik altijd aan een aandoening in het spectrum van de GGZ denken of een illegale belastingconstructie. Een afkorting vind ik sowieso niet zo gepast voor een persoon.

Ik denk bovendien altijd: hoezo zelfstandig? Alsof mensen in vaste dienst niet zelfstandig zouden zijn en elke dag door hun ouders naar hun werk gebracht moeten worden. Omgekeerd: alsof zzp'ers zo zelfstandig zijn. Ik ken er die zó blij zijn dat ze eindelijk een opdracht krijgen, dat ze hun zelfstandigheid meteen bij hun factuur inleveren.

Ik vind dat 'zonder personeel' ook gek. Ik ben zelf in vaste dienst, maar ik heb toch ook geen personeel? Overigens staat er bij mensen mét personeel dan weer nooit bij *hoeveel* personeel ze hebben. Dus waarom zou je het dan wel vermelden als iemand *geen* personeel heeft?

O ja, en een zelfstandige mét personeel heet ineens 'ondernemer'. Alsof zzp'ers geen ondernemers zijn. Je moest eens weten wat die mensen allemaal ondernemen. Daar kan menig ondernemer nog een puntje aan zuigen.

Eigenlijk is het enige verschil tussen zzp'ers en vaste diensters: de baas. Die hebben zzp'ers niet. Ze zijn hun *eigen* baas. Ze hebben geen baas die ze overal de schuld van kunnen geven– had ik al gezegd dat ik geen enkel menstype ken dat zoveel klaagt als zzp'ers? Hoog tijd dus om eens op zoek te gaan naar een alternatief voor het woord 'zzp'er'.

'Eénpitter' wordt het in ieder geval niet. Dat vonden mensen op Twitter een vreselijk woord. Het doet ze denken aan de camping, aan zo'n gasflesje, en dat je panne-tje daar altijd vanaf kiept. Ik vind éénpitter bovendien wel erg bescheiden, zeker als ik de vuurkracht van sommige zzp'ers zie. Die kan je beter straalmotoren of koude kernfusie noemen dan éénpitters.

'Kleine zelfstandige' valt ook af. Dat deed iemand altijd aan kaboutertjes denken en mij nu ook. Hoewel veel zzp'ers vaak zó onopvallend en buiten het zicht van de vaste werknemers hun werk doen dat het er soms wel eens op lijkt dat de kaboutertjes het gedaan hebben.

Alles met 'zelfstandig' wordt het sowieso niet, omdat ik dat woord arbitrair vind. 'Zelfstandig ondernemer' dus ook niet, de suggestie die het meest genoemd werd, en 'zelfstandig professional' – brrr. Professional. Een enorm jeukwoord. Alsof die professionals allemaal zo professioneel zijn bovendien. Haha, echt niet.

'Ondernemer' vind ik dan wel weer krachtig, net als de 'ondernemende eenling' die iemand noemde, en, ook vaak geopperd: 'eigen baas' en 'totale eindbaas'.

Een stuk negatiever van toon, maar ook zeker de lading dekkend, vond ik 'huurling', 'dagloner' – mooi ook die combinatie van het Nederlandse woord en de betekenis van het Engelse woord 'loner' die erin doorklinkt – en: 'oprotkracht', zoals iemand op LinkedIn suggereerde. Want zo voelen veel zzp'ers zich natuurlijk wel vaak. Zeker als ze met collega's werken die wél in vaste dienst zijn.

Ik vond ook 'mininational' heel goed, of 'selfie', 'professioneel amateur' – bedenk dat het woord amateur eigenlijk 'liefhebber' betekent – en 'eigen bater'.

Of wat dachten jullie van 'zakkenvuller zonder personeel', ook een suggestie, hoewel de meeste zzp'ers amper zakken nodig hebben, zo weinig verdienen ze. Ook mooi: 'vogelvrij' – om zowel de vrijheid mee te vangen die je als zzp'er geniet, als tegelijk de kwetsbaarheid die de positie van zzp'er ook met zich meebrengt.

Maar de winnaar is wat mij betreft 'vrije lansier', dat door iemand op Twitter genoemd werd. In het Engels heet dat 'freelancer', ook prima, maar jullie weten hoe ik over Engelse leenwoorden denk als je het ook prima in het Nederlands kan zeggen.

Er schreef iemand die wist dat het woord 'freelancer' voor het eerst gebruikt werd door Walter Scott in zijn roman *Ivanhoe* (1819), over een middeleeuwse huursoldaat die zichzelf en zijn lans ('lance') verhuurde in veldslagen. Vrije lansier is dus een term met historie én een die uitdrukt hoeveel strijd veel zzp'ers elke dag weer moeten leveren. Wat er ook mee wordt uitgedrukt: zzp'ers zijn van alle tijden.

Mooier, completer en duidelijker kan het wat mij betreft niet.

EEN CHIEF HAPPINESS OFFICER, IS DAT NOU NODIG OP JE WERK?

Jullie weten dat ik niet zo positief denk over managementhypes waar ineens elk bedrijf klakkeloos achteraan holt, maar er is één recente hype waar zelfs ík wel wat in zie, en dat is de gelukshype.

Want kijk om je heen en je ziet het: geluk is ineens overal in bedrijven. Zo zijn er steeds meer gelukstrainingen en duiken overal 'happiness officers' en 'chief fun officers' op. Dat zijn mensen die leuke dingen voor het personeel organiseren, zoals een verrassingslunch, of dat je ineens mag wandelen tijdens je planningsgesprek, of, mijn favoriet: de champagne-challenge! Dan mag je champagne drinken met je collega's. Ik werd er meteen blij van. Ik bedoel: gelukkig.

Totdat ik een artikel tegenkwam van Tjip de Jong. Hij is schrijver van managementboeken en onderzoekt 'werkomgevingen in organisaties', én hij is tegen geluk op het werk. Zijn blog daarover heeft als titel *Waarom bezig zijn met geluk in organisaties een heel slecht idee is.* Gelukkig mocht ik hem bellen om te vragen wat hij bedoelt.

Jij bent tegen geluk op je werk?
'Natuurlijk niet. Maar ik ben wel tegen het idee dat geluk op je werk te managen is. Ik vind het iets armoedigs hebben, of we dat óók nog moeten regelen voor mensen. Alsof geluk überhaupt te managen is.'

Is toch leuk, zo'n chief happiness officer?
'Toen ik er voor het eerst over las, dacht ik dat het een grapje was; iemand die bloemen neerzet op je werk en paaseitjes gaat verstoppen waarmee je een boekenbon kan winnen.'

Wat is er mis met paaseitjes en bloemen?
'Niets, maar ik krijg er een beetje een eng idee bij van alleen maar lachende mensen die aan het tafelvoetballen zijn, een soort nachtmerrie waar je heel ongelukkig van wordt als dat soort dingen je juist *niet* gelukkig maakt.'

Je bent gewoon een zuurpruim. Wat is er tegen mensen blij maken?
'Iemand blij maken is heel iets anders dan iemand gelukkig maken. Bovendien: niet iedereen wordt blij van dezelfde dingen. Het wordt ook veel als excuus gebruikt door bedrijven. Zo van: "we hebben een geluksofficer en je bent nog steeds niet gelukkig, wat zeur je nou?"'

Ik zou best zo'n gelukstraining willen.
'Ha, het lijkt me niet echt iets voor jou hoor, als ik je stukjes zo lees. Daar moet je namelijk "je innerlijke drive" vinden

en je verhaal leren "storytellen", je moet ook "een stip op de horizon hebben" en je moet "je pauzeknop weten te vinden", je "purpose" en je "passie".'

Passie! Die had ik lang niet gehoord. 'Geluk' is het nieuwe passie?

'Juist! Al die geluksdingen zijn ook een beetje het nieuwe *mindfulness*. Heel leuk om af en toe mee bezig te zijn, maar het blijft vooral veel vaag geneuzel. Het is gewoon een hype waar trainers op inspringen omdat er een markt voor is.'

Je schijnt wel beter te werken als je gelukkig bent.

'Nou, dat vind ik nog het ergste! Dat geluk in dit soort verhalen gekoppeld wordt aan prestaties. Als je gelukkig bent, dan ben je 85 procent efficiënter in je werk, je haalt 37 procent betere salesresultaten, dat soort claims wordt er gedaan. Daar komt wat mij betreft pas écht de aap uit de mouw, namelijk dat "geluk" door bedrijven wordt ingezet om mensen harder te laten werken. Het is een complot van al die HR-afdelingen om mensen nog verder uit te kunnen knijpen.'

Hoe word je dán gelukkig op je werk? Er zijn zoveel mensen ongelukkig op kantoor.

'Dan moet je eerst weten waarvan mensen ongelukkig worden op hun werk.'

Dat weet ik. Mensen worden ongelukkig van slechte managers, van onnodige procedures, van te weinig

vrijheid, van lawaai in de kantoortuin, van onnodige bureaucratie, van onnodige reorganisaties, van collega's die er de kantjes van af lopen, van zinloze vergaderingen.
'Precies, nou, pak dát aan. Zolang je dat niet doet, kan je nog zoveel gelukstrainingen volgen, het maakt je echt niet gelukkiger.'

Wat mij gelukkiger zou maken, is af en toe een extra vrije dag. Die ik helemaal zelf mag invullen.
'Ja, maar dat mag dus nooit, hè. Dit soort geluksdingen wordt altijd door het bedrijf bepaald. Uitjes waarin je uit je comfortzone moet, ineens allemaal staand vergaderen of springen tijdens het werk, dat soort onzin. Zelf dingen verzinnen waar je gelukkig van wordt, mag nooit.'

Geluk is sowieso moeilijk te definiëren. Wat is geluk? Het geluk van de een is ook vaak het ongeluk van de ander.
'Op het moment dat je je bewust met geluk gaat bezighouden is het weg.'

Geluk zit in je blinde vlek. Zodra je je erop richt, verdwijnt het. Misschien moeten we het niet meer geluk noemen, maar gewoon 'dingen die je leuk vindt', 'lol maken'. Dat is natuurlijk wel belangrijk op je werk.
'Ja! Dat maakt het meteen minder zwaar en beladen.'

Doen we.

DIT ZIJN DE ERGSTE CLICHÉS IN VERGADERINGEN

Vergaderingen zijn afschuwelijk, overbodig en saai, maar jargontechnisch zijn ze natuurlijk wél heel interessant. Want als érgens nietszeggende kantoorclichés over tafel vliegen, dan is het wel tijdens een vergadering.

De Britse stand-upcomedian Adam Hess twitterde daar ooit over. Het viel hem op, schreef hij, dat ongeacht het onderwerp je in een vergadering altijd 'it's just about finding that balance' kan zeggen en dat iedereen dan gaat knikken. Ik was benieuwd of er ook zulke Nederlandse vergaderclichés zijn die je op elk moment kan gebruiken. Ik vroeg ernaar op LinkedIn en Twitter, mailde en sprak met vergadertijgers en dit vond ik de mooiste.

'Er is geen eenvoudige oplossing.' Heel mooi om te zeggen. Je wekt er de indruk mee je werk heel serieus te nemen, maar je hoeft niet concreet te worden, want er is geen eenvoudige oplossing. Het is overigens wel onzin: er zijn juist heel veel eenvoudige oplossingen. Zoals de helft van de managers ontslaan, niet aan een project beginnen, of gewoon lekker met z'n allen aan de zuip gaan, maar dat hoeft niemand te weten. In dezelfde categorie dooddoeners: 'dit wordt een heel spannend traject', 'we moeten zorgvuldig te werk gaan' (dan kunnen we er lekker lang over doen) en 'dit wordt een uitdaging'.

'We hebben allemaal hetzelfde doel, maar andere manieren om er te komen.' Dit betekent: we hebben ruzie, maar het klinkt toch net even iets constructiever. Soortgelijke clichés: 'we spelen allemaal dezelfde wedstrijd' en 'eigenlijk vinden we allemaal hetzelfde' (maar ik heb gelijk, en jij niet).

'Laten we eerst een stap terug doen.' Staat heel verstandig én je voorkomt ermee dat je aan het werk moet. In dezelfde verzameling: 'we moeten niet te ver voor de troepen uit willen lopen', 'laten we hier later nog eens met elkaar voor gaan zitten' (dan kunnen we nu lekker naar huis) en 'dit zal eerst moeten landen in de organisatie voor we dit verder handen en voeten kunnen geven' (metaforen zijn altijd goed in vergaderingen, zeker over embryo's en vliegtuigen, zie ook verderop).

'We hoeven het wiel niet opnieuw uit te vinden.' Klopt als een bus, want dat wiel is er al.

'Het gaat om de insteek die je kiest.' Nou en of. Vraag maar aan een chirurg.

Verder in de categorie geen-speld-tussen-te-krijgen: **'het moet linksom of rechtsom worden opgelost.'** Gelukkig hoef jij niet te zeggen langs welke kant.

'Laten we handelen naar bevind van zaken.' Tuurlijk. Het betekent: nu eerst koffie.

'Laten we proberen stappen te maken.' Stappen maken is altijd goed, en zeker om dat te proberen, dan hoeft het niet eens te lukken. Het maakt ook niet uit waarheen, als je maar stappen maakt, zeker in een wereld die zo in beweging is. Zeg dat er dus ook bij: 'de wereld is zó in beweging, laten we stappen maken!' – dat staat heel modern.

Ook heel mooi: **'stilstand is achteruitgang'** (onzin, het is juist heel fijn om af en toe even stil te staan) en 'laten we nou eerst eens een stip op de horizon zetten'. De eerste die bij de horizon is, is af.

'Welk probleem lossen we hiermee op?' Klinkt heel kritisch, maar je hoeft niets op te lossen. Ook handig als je even niet hebt zitten opletten en wil weten waar het over gaat. Net zo vrijblijvend: 'wat is je punt?' en 'daar moet ik eerst over nadenken'.

'Probeer je het niet, dan weet je het ook niet.' Dit zeg je als je als een snelle jongen wil overkomen. Zeg daarna iets als: 'Ik kan daar de *epic toolbox* bij aanraden.' Klinkt prachtig en niemand durft te vragen wat het is.

'Het gaat erom dat we iedereen in dit proces meenemen.' Dit zeg je als zogenaamd ieders mening telt. Dat 'meenemen' ook, brrr.... Waarheen? In een geblindeerde bus richting Irak? Net zo erg: 'we moeten hierover in gesprek blijven' en 'we moeten zorgen dat we op dezelfde vlieghoogte zitten'. Dat laatste is trouwens heel gevaarlijk, vraag maar op Schiphol, maar het klinkt wel dynamisch.

'Dat is echt een heel interessant idee.' Ideaal om mensen mee de mond te snoeren. In dezelfde categorie: 'goed punt, nemen we mee', 'dat staat genoteerd' en 'we gaan ernaar kijken' (als het in de prullenbak ligt).

Tot slot de échte holle praatjes, zoals 'communicatie is key', 'content is key', 'kwaliteit is key', 'de klant staat centraal' en 'dit proces moet goed bewaakt worden'. Als je de boel wil afronden zeg je: 'dat gezegd hebbende'. Daarmee maak je al het voorafgaande overbodig en kan je weer met een schone lei naar de volgende vergadering.

Iemand nog vragen?

MANNEN LEGGEN HET JE GRAAG EVEN UIT

Vroeger trokken mannen zwijgend ten strijde, gingen ze zwijgend vissen, sloegen ze elkaar zwijgend op de schouders en trokken ze zwijgend aan hun sigaret om vervolgens zwijgend hun paard de sporen te geven. Tegenwoordig kun je geen televisiezender opzetten of zaal binnenlopen, of er zit wel een man te praten.

Ze becommentariëren voetbalwedstrijden, nemen het woord als experts in talkshows en praten zich de blaren op de tong om de dividendbelasting af te schaffen.

Of neem vergaderingen! Man, dáár praten mannen veel, moet je maar eens opletten. En als een vrouw dan eindelijk het woord neemt, wordt ze vaker onderbroken dan een man, zo blijkt uit onderzoek. Wat ik bedoel: het lijkt wel of de man de laatste dertigduizend jaar een enorme stap in de evolutie gemaakt heeft – van zwijgende jager-verzamelaar naar kletskous. Waarom toch?

'Mannen leggen graag dingen uit,' antwoordde mijn goede vriend J. toen ik hem ernaar vroeg. 'Zelfs als er mensen bij zitten die er meer verstand van hebben.' Daar is trouwens een woord voor, voor het verschijnsel dat mannen graag dingen uitleggen aan mensen die er veel meer verstand van hebben.

Dat woord werd in 2008 bedacht toen een vrouwelijke wetenschapper haar *eigen* boek kreeg uitgelegd door een man. Nadat ze over dat voorval geschreven had, begonnen overal ter wereld vrouwen te klagen dat mannen hun ook de hele dag op hun eigen vakgebied de les lezen. God, hoe noemen ze dat nou ook weer, het werd in 2010 zelfs woord van het jaar in Amerika. Misschien is er een man die het weet?* Maar goed, terug naar het onderwerp: het lijkt wel of mannen graag dingen uitleggen.

'Ja,' zegt Judi Mesman, 'mannen maken zich vaker groter; en vrouwen maken zich vaker kleiner dan ze zijn.' Mesman is gezinspedagoog, *dean* van het Leiden University College en hoogleraar interdisciplinaire studie van maatschappelijke vraagstukken. Ze onderzoekt onder meer hoe stereotypering de opvoeding van jongens en meisjes bepaalt.

Mannen zeggen vaker dingen met zelfvertrouwen dan vrouwen, zegt Mesman, ongeacht of ze er verstand van hebben. Ze denkt dat dat komt doordat mannen van kinds af aan veel meer wordt geleerd vanuit zichzelf te redeneren en assertief te zijn, en dat meisjes meer wordt geleerd onderdanig te zijn en met anderen rekening te houden.

Voor mij was het nieuw, dat het dus helemaal niet hoeft te kloppen als mannen iets met veel aplomb zeggen. Ik

* mansplaining

dacht ook altijd dat ik netjes moest wachten tot ze uitgepraat waren.

En vrouwen lezen ook vaak mannen de les hè, daar hoor je nooit wat over, maar dat is natuurlijk wel zo. Zonder iets te zeggen vaak. Dan zetten ze de borden toch even anders in de afwasmachine, of ze leggen de atlas nadrukkelijk opengeslagen op tafel zodat hij kan zien dat hij toch echt is omgereden. Of ze halen nog een doekje over de tafel terwijl hij dat net gedaan heeft. Of ze leggen voor de zoveelste keer uit dat hij als ze klaagt niet met oplossingen moet komen maar gewoon even moet zeggen: 'wat errug.' Bovendien hoor ik vrouwen ook wel klagen dat hun man zo weinig tegen ze praat, dus wat zeuren ze nou?

Ik denk sowieso vaak: laat die mannen toch. Eeuwenlang zijn ze gewend om onweersproken dingen te kunnen uitleggen en dan moet het ineens allemaal anders. 'Mannen leggen dingen aan vrouwen uit omdat ze denken dat vrouwen dommer zijn,' zei mijn goede vriend J. Dat bedoel ik.

Dat soort mannen moet je even de tijd geven om eraan te wennen dat dat helaas niet zo is.

DIT IS HET ERGSTE MILIEUJARGON

'Duurzaam', 'circulair' en 'klimaatneutraal'. Als ik érgens jeuk van krijg, dan is het wel van die woorden. Begrijp me niet verkeerd, ik draag de planeet een warm hart toe. Maar de laatste tijd hoor ik er zoveel bedrijven over dat ik wel eens denk: zijn jullie nou écht zo dol op het milieu of zijn het slechts mooie praatjes om in een goed blaadje te komen?

Neem circulair. Wat is nou eigenlijk circulair? Dat je kantoren maakt die begroeid zijn met planten, het isolatiemateriaal maakt van oude spijkerbroeken, de houten vloer van oude barkrukken en dat al het personeel zijn scheermesjes, toiletpapier, visitekaartjes, kleding en maandverband in plastic zakjes moet verzamelen en na afloop van elke werkdag bij de balie moet inleveren?

Want daar denk ík aan als ik circulair hoor. Ik denk ook altijd van mensen die het over circulaire gebouwen hebben: het was natuurlijk pas een écht circulair gebouw geweest als het nooit gebouwd was.

Want wat betekent circulair? Dat je álles hergebruikt,

toch, in een nooit eindigende spiraal van hergebruik? Nou, dat kan dus helemaal niet. Ja, ik maak wel eens een circulair ommetje en mijn leven is ook circulair. Zo blijf ik altijd op dezelfde foute mannen vallen.

Ook op kantoor is alles circulair. Je kunt nog zoveel delegeren, uiteindelijk moet je het toch zelf weer opknappen. Maar verder is er natuurlijk niets 100 procent circulair. Want er blijft altijd afval over.

Wat wél kan, is dat je als bedrijf of pand zegt dat je PROBEERT ZO veel mogelijk circulair te zijn. Maar dat zeggen bedrijven nooit.

Precies hetzelfde heb ik met 'klimaatneutraal'. Kan ook helemaal niet, want dat zou betekenen dat je je eigen energie opwekt. Toch claimen allerlei provincies, gemeenten en bedrijven het te zijn. Als ik dat hoor zou ik zeggen: draai dan de gaskraan maar dicht bij al die instanties. En dan mag er ook geen onsje afval meer uit komen.

Of 'de nieuwe economie'. Ook onzin. Jongens, geloof me: er is echt niks nieuws aan de economie. Dertig jaar geleden was die er ook al. En in 1917. En in 1327. Marx en Malthus zouden het beamen als ze nog konden praten: de economie was toen net zo economisch als nu, net zoveel vraag en aanbod, net zo op winst gericht en net zoveel verkooppraatjes over gebakken lucht. Of zijn bedrijven ineens altruïstisch geworden? Kijk, dán heb je een nieuwe economie.

Ik dacht het niet.

Dan 'vijf voor twaalf'. Dat hoor ik ook overal. Daar was laatst trouwens weer van alles over te doen. Toen had een klimaatpanel uitgerekend dat het geen vijf voor twaalf, maar twee voor twaalf was. Weer anderen zeggen dat het al vijf over twaalf is, of erger nog, kwart over twaalf.

Lieve mensen, wat is het nou?! Ik word daar onrustig van. Ik denk bovendien ook altijd: hoelang kan het vijf voor twaalf blijven? Want in de jaren zeventig had de Club van Rome het er ook al over. Om over de vraag wat er gebeurt als het twaalf uur is nog maar te zwijgen. Zijn we dan allemaal gedoemd? Weet iemand dat, want dan kan ik misschien weer met roken beginnen. Of gaan alle computers op nul? Dat zeiden ze in 1999 ook. Is toen niet gebeurd. Nu wel?

Ook heel erg: *people, planet, profit*. Waarom zeggen ze niet gewoon 'mensen, planeet en winst'? Nou, zei iemand laatst, dan zijn het geen drie p's meer en kun je het minder goed onthouden.

Jongens, kom op. Als je als bedrijf de planeet, de mensen en de winst al niet kunt onthouden, dan kun je er beter maar helemaal mee stoppen. Bovendien, wat is er zo leuk aan drie p's? Je hebt ook de '3JS'. Zie ik ook niet meteen het voordeel van. Of zeg dan: publiek, planeet, profijt, als het zo nodig drie p's moeten zijn. Dat is nog Nederlands ook.

Maar ook 'de eerlijke keten' vind ik heel ergerlijk jargon. Jeuk. Je hebt ook 'de korte keten' en 'de groene keten', help. Want kan een keten eerlijk zijn? Zeker als je een lange keten hebt, zit er toch altijd wel een zwakke schakel tussen? Kun je voor elke schakel instaan?

Ik ben zelf ook niet altijd eerlijk. Ik heb bijvoorbeeld zo'n vriend die altijd vraagt of hij een dikke kont heeft in die ene broek en dan zeg ik maar dat hij hem hartstikke leuk staat. Je kunt bovendien beter hebben dat ánderen over je zeggen dat je zo'n eerlijke keten hebt. Maar ik hoor het vooral bedrijven over zichzelf zeggen.

Maar het aller-, allergrootste jeukwoord van het milieujargon is natuurlijk 'duurzaam'. Ja, de wind en de zon, díé zijn duurzaam. En plastic! En asbest! Gaan enorm lang mee. Maar verder is er natuurlijk helemaal niets duurzaam. Elk mens, elk dier en zeker elk bedrijf is vergankelijk en verbruikt altijd meer energie en grondstoffen dan hij de planeet kan teruggeven. Een beetje duurzaam bestaat ook niet, net zoals een beetje zwanger niet bestaat. Dus elk bedrijf dat zégt duurzaam te zijn, liegt.

Ik bedoel eigenlijk: Het allerduurzaamst zou het zijn als alle bedrijven ermee zouden ophouden. Het allerduurzaamst is het als we allemaal dood zouden gaan. As tot as, stof tot stof.

Daar helpen we de planeet pas écht mee.

IK WIL GEEN OOGKLEPPEN OP KANTOOR

Ik zag ooit een plaatje van een kantoortijger met oogkleppen op. Het was een foto van de nieuwste oplossing tegen te veel prikkels in de open kantoortuin: oogkleppen waarmee je je volledig kan afsluiten, een hoofdband met koptelefoons erin, ontworpen door Panasonic, die niet alleen je oren bedekt, maar ook naar voren uitsteekt en je ogen afschermt. Inderdaad: oogkleppen. Ze noemen het de 'Wear Space'.

Aanvankelijk moest ik lachen om de foto, maar een seconde later zakte de moed me in de schoenen. Want eigenlijk keek ik naar een zombie zonder identiteit, zak over je kop en werken maar. In de legbatterij. Ik was niet de enige die dat voelde.

'Ik heb gehoord dat ze er haverzakken aan gaan koppelen,' reageerde een twitteraar. 'Ideaal voor de intensieve menshouderij,' schreef een ander. 'Op welk punt geven we het op,' schreef website Techcrunch, 'en geven we toe dat we in precies dezelfde dystopische nachtmerrie leven als waar speculatieve fictie ons voor waarschuwde?'

Ik ging op zoek naar de ontwerper van de kleppen en kwam uit in Japan, het land waar ze mensen ook als makke schapen de metro in proppen. Ik mailde met Akihiro Adachi van de afdeling 'Future Life Factory', die de kleppen bedacht. Ze wonnen er zelfs een prijs mee, de Red Dot Design Award van 2017.

Waar komt dit ontwerp vandaan? Werden jullie zelf gek op kantoor?
'Nee, niet gek, maar we werken hier inderdaad in een open kantoortuin. Het voordeel is dat de communicatie met collega's wordt aangemoedigd, maar als je écht iets binnen een uur gedaan moet krijgen, heb je soms last van gepraat en het oogcontact met collega's. Wij vonden het dan altijd gek om ergens anders te gaan zitten, waar je je wél kan concentreren. Dus bedachten we deze "gepersonaliseerde ruimte", die je makkelijk kunt opzetten.'

Hoe reageerden jullie collega's toen ze de kleppen voor het eerst zagen?
'Aanvankelijk verbaasd, maar ze merkten al snel dat ze heel effectief zijn. We kregen ook veel mails van buiten Japan. Eentje kwam van een professor die onderzoekt of open kantoortuinen voor een daling in de productiviteit zorgen.'

Je bent net een zombie, met die kleppen.
'Op het eerste oog lijkt het inderdaad wat onmenselijk. Maar we hebben ze niet ontworpen om mensen aan hun bureau te binden, maar om hen zich beter te laten con-

centreren en te behoeden voor fouten. We denken ook dat mensen met autisme er veel baat bij kunnen hebben.'

Het ziet er niet echt sociaal uit.
'Dat is een ander effect van de Wear Space. Het laat zien: ik heb nu even geen tijd om met je te praten, later wel. Het is natuurlijk niet de bedoeling dat mensen dit de hele dag dragen.'

Moeten we niet gewoon stoppen met de kantoortuin, in plaats van oogkleppen dragen?
'Niet elke werkgever kan het zich financieel veroorloven om iedereen een eigen ruimte te geven. In dat geval is dit een goed alternatief.'

De kleppen zijn nu verkrijgbaar in Japan, maar misschien komen ze ook ooit naar Europa, mailt Adachi verder. Publicist Jan Kuitenbrouwer twitterde dat nu 'het wachten is op de eerste werkgever die de oogkleppen verbiedt óf verplicht stelt. Moeilijk te zeggen wat erger is.'

Een andere twitteraar schreef me dat op zijn werk allang standaard bij elke flexplek een koptelefoon én een busje schoonmaakmiddel geleverd worden. Daar konden deze oogkleppen nog wel bij.

Ik word er zelf steeds moedelozer van. Is dit hoe werkgevers ons het liefst zien? Als blind en doof gemaakte robots die het maar zelf moeten uitzoeken in de kantoorjungle en wel oogkleppen móéten dragen om überhaupt onze 'targets' te halen?

Als dit van ons verwacht wordt, dan trek ik hier de grens. Want ik vind oogkleppen geen oplossing, maar een monstrum, een nederlaag, een capitulatie – het failliet van de kantoortuin.

Maar ze zijn natuurlijk een prima oplossing als je thuis moet werken, je kinderen ruzie krijgen over de hagelslag, er wegwerkzaamheden in de straat zijn, de buurkinderen in de achtertuin met waterpistolen staan te gillen en de buurman met z'n bladblazer in de achtertuin aan de gang gaat.

Dat dan weer wél.

HOE ONDERTEKEN JIJ JE MAILS? NOU, ZÓ LIEVER NIET

Hoe ondertekenen jullie je mails? Met 'toedels', 'hoogachtend' of 'doei'? Ik was daar benieuwd naar nadat ik een artikel had gelezen van Marc van Oostendorp, hoogleraar academische communicatie aan de Radboud Universiteit.

Hij had uitgezocht waar de ondertekening 'hartelijks' vandaan komt die hij geregeld krijgt en die ik zelf ook af en toe gebruik. Van Oostendorp ontdekte dat het een groet was die ooit in de jaren dertig in literaire kring was ontstaan en zo een knipoog onder schrijvende vakbroeders werd.

Toen ik vervolgens op Twitter vroeg hoe júllie je mails het liefst ondertekend zien, en vooral hoe niét, kreeg ik zoveel hartstochtelijke reacties dat het me nuttig leek de grootste valkuilen in een top 10 te zetten. Het blijkt namelijk heel nauw te luisteren wat je onder je mails zet – wist ik ook niet – en je doet het heel snel fout, zo blijkt. Dus, daar gaan we.

Allereerst: gebruik nooit informele groeten voor zakelijke relaties. Dus geen 'xoxo greetz' onder een open sollicitatie (echt gebeurd), 'groetje' naar een potentiële klant of 'toedels' naar iemand aan wie je nog geld denkt te kunnen verdienen.

En o ja, denk ook aan je mailadres, zo liet een hoogleraar me weten. Hij krijgt geregeld mails van studenten met adressen als 'konijntje324' of 'poepie1999' – staat niet zo heel professioneel als je zakelijk nog een punt moet maken.

Stop ook met allerlei overbodige groeten als 'grote groet' (zijn er dan ook kleine?), 'vrolijke groet' (doe mij de chagrijnige maar), 'goede groet' (morgen de slechte?), 'inspirerende groet' (krijg je daar een vakantie naar Nepal bij?), 'zonnige groet' (gast, het regent hier), of de ergste: 'verbindende groet' (wegwezen).

Maar nóg erger dan de overbodige groet worden groeten gevonden die ironisch aan een bedrijfstak zijn gekoppeld, zoals de 'hygiënische groet' (voor een schoonmaakbedrijf), de 'sportieve groet' (voor een sportclub), de 'fruitige groet' (voor een groenteboer), de 'gepassioneerde groet' als je in de lingerie zit, en de 'geurige groet' voor een rioolontstoppingsbedrijf. Ieuw.

Lollig doen tegen onbekenden vind ik zelf sowieso niet zo heel erg geslaagd, ik zou zeggen: op dát vlak liever geen humor, mensen. Dus liever geen 'mit freundlichen Gemüsen', 'hartelijke grotjes' of 'grietjes, nu met bijlage'.

Let ook op uitroeptekens. Een ondertekening als 'groet!' kan dreigend overkomen als in: 'je bent nog niet van me af!' Maar ook uitroeptekens achter 'met vriendelijke groet!' of 'groeten!' kunnen intimideren. Ook liever niet meer doen: 'fijne dag!' Dat is inmiddels een synoniem van 'flikker op' geworden. Wat op zich dan wel weer een eerlijke groet kan zijn.

Archaïsche groeten zijn prima, maar overdrijf het niet. Zo wordt 'hoogachtend' nog redelijk geaccepteerd als afsluiter van zakelijke mails, net als 'met gepaste hoogachting' – dan kan de ontvanger zelf invullen hoeveel hoogachting hij wil krijgen. Wat echter niet meer zo goed ontvangen wordt, is: 'inmiddels verblijf ik', 'tenzij je dakloos bent,' schreef iemand.

Veel breder gedeeld is de ergernis over afkortingen als groet onder je mail. Stop dus met 'vr. gr', 'mvg', of, 'gr' want: 'hoeveel moeite is het nou helemaal om die paar letters erbij te tikken,' schreef iemand. Dat 'gr' klinkt ook te veel als iemand die hongerig is of kwaad óf allebei, vond een aantal. Ook erg: 'm.vr.gr.' 'Dan denk ik toch echt dat een vriendelijke grote reus de mail geschreven heeft,' was de mening.

Dan, ik vind het zelf ook vreselijk, maar jullie dus ook: het automatisch gegenereerde antwoord onder een mail. Superonbeleefd als je blijkbaar niet eens de moeite wil nemen voor iedereen een passende afsluiting te tikken. Stop ermee.

Ook erg: de boodschap 'denk na voordat u deze mail uitprint' (om het milieu te sparen). Niet omdat mensen het milieu geen warm hart toedragen, maar: 'Wie print er in godsnaam nog mails?!' Stop daarmee.

Maar wat écht niet meer kan, is 'warme groet'. De reacties daarop varieerden van 'ik word misselijk', 'ik vind het vies', tot 'dat voelt in een kantoorsetting toch een beetje als op een bureaustoel gaan zitten waar net iemand anders een uur heeft zitten broeden.'

Hoe het dan wél moet? Simpel, gewoon: 'met vriendelijke groet', die vindt iedereen prima. Dus niet 'met vriendelijke groeten' (hoeveel zijn er dan?), 'met vriendelijke groetjes' of 'hartelijke groet'. Die laatste wordt pas geschikt gevonden voor iets bekendere relaties.

Succes ermee, lieve mensen, dikke doei van Japke-d.

HOE BEGINNEN JULLIE JE MAILS? NOU, ZÓ LIEVER NIET

En ik maar denken dat ik ervan af was toen ik de vraag had beantwoord hoe je op je werk je mails het best kan ondertekenen. Nou, mooi niet. Er waren op Facebook, LinkedIn en Twitter namelijk ook nog mensen die wilden weten hoe je mails het best kan *beginnen* en daar hadden ze veel tips voor. Dus die heb ik maar even voor jullie op een rijtje gezet. Hier komen ze: de tien beste tips voor de aanhef van je mails.

Als je mensen goed kent, mag je natuurlijk álles boven je mails zetten. Ik noem maar wat: 'lieve fans', 'whaddup bitches', 'dag heur', 'nou lieve mensen', 'aloha lieffie', 'weledelgestrengelde', 'hey scheet', 'yo yo yo' en, waar mijn deels Groningse hart sneller van gaat kloppen: 'moi' als aanhef én als groet. Heerlijk.

Opvallend vond ik dat de archaïsche aanhef 'lectori salutem' (L.S. oftewel heil aan de lezer) alleen werd geopperd door wat oudere, witte mannen. Daar laat ik het even bij.

Er zijn mensen die 'goedemorgen', 'goedenavond' of 'goedemiddag' boven hun mails zetten, want, zo schreef iemand, 'dan omzeil je de aanhef'. Nou, ik dacht het niet. Ik bepaal bovendien zelf wel welk dagdeel ik een mail lees. Mee ophouden, hoor.

Is 'hey' een goed begin? Hm, nee, er waren mensen die daarna afhaken – 'ik ben geen IKEA-klant'. Er was iemand die van 'hi' 'altijd zin krijgt om iemand een blauw oog te slaan, van 'hey' trouwens ook', en 'hoi' werd getypeerd als 'kleuterklas'. Maar er was ook iemand die 'ha' een 'energiek, neutraal en vrolijk begin' vindt. Ik vind het twijfelgevallen.

Ik ben wél een enorme fan van 'joehoe'. De wereld is per slot een tranendal, de mailbox is al vol genoeg en ik schaam me eigenlijk altijd als ik een verzoek mail. Dan gebruik ik 'joehoe' als een witte vlag waar je digitaal met een knipoog mee kan zwaaien, met 'joe' als verontschuldigende ondertekening. Maar alleen bij mensen die ik ken.

SCHRIJF DE JUISTE NAAM EN HET JUISTE GESLACHT BOVEN JE MAILS! Ja, even in kapitalen hoor, want je ergert je toch dood aan al die mensen die niet eens de moeite nemen om je naam goed te spellen of verzaken uit te zoeken of je een vrouw, een man of anderszins bent. Dergelijke mails belanden bij mij ongelezen in de prullenbak. Hoe vaak ik niet 'geachte heer Bouma', 'beste Tjapke' of 'beste Sjapke Bouwman' boven mijn mails heb zien staan. Flikker op, zeg.

'Dag Japke' en 'hallo Japke' dan? Zou ik ook niet doen, vond de meerderheid. Want 'dag Japke' klinkt als Sinterklaas, maar bovendien wordt 'dag' in grote delen van Nederland louter gebruikt bij het weggaan. Dus als je er een mail mee begint, zo vond een aantal mensen, 'is het alsof je al uitgezwaaid bent voordat je begonnen bent'. 'Hallo' vind ik basisschool. Wegwezen.

Maar wat écht niet kan, is louter 'beste' of 'geachte' boven je mail. Gemakzuchtig en onpersoonlijk, vond men op Twitter. Ook erg: 'besten' als je een groep adresseert. 'Dat klinkt als een brief van mijn opa anno 1967.'

Alleen de voornaam als aanhef werd ook een erge mailzonde gevonden. Dat komt 'neerbuigend' over, vond iemand, 'ik typ dat alleen als ik iemand spuugzat ben' en 'ik gebruik het om te laten weten dat het vriest van mijn kant', waren enkele reacties.

Maar het voelt ook alsof 'een strenge meester je toespreekt', 'wat heb ik nóú weer gedaan', 'wij begrijpen elkaar verkeerd' of erger: 'alsof je een Duitse herder bent die een bevel krijgt', zo was de mening. Blijf het dus vooral boven je mails gebruiken als je mensen een rotgevoel wil bezorgen, zou ik zeggen.

Hoe het dan wél moet? Simpel. Als je iemand niet kent, begin je met 'geachte mevrouw/meneer achternaam' en gebruik je 'u'. Reageert die persoon vervolgens welwillend, ga je verder met 'beste voornaam' en 'je', en kun je, al naargelang de sfeer opklaart, omhoog escaleren naar varianten als 'lieve voornaam', 'hee die achternaam' of, zoals iemand naar mij twitterde: 'Jappie! Zuipen!'

Wat dan weer niét goed is, is 'beste Japke Bouma' of 'beste mevrouw Bouma'. Achter 'beste' kan alleen een voornaam. Wat ook niet kan: 'geachte Japke', of 'beste of geachte Bouma', zoals je nog wel eens bij energiemaatschappijen of Nigeriaanse fraudemails ziet gebeuren.

Opvallend vond ik dat géén aanhef eigenlijk amper een optie wordt gevonden, maar dat je de aanhef wél mag weglaten als je verder in een mailconversatie verzeild raakt.

Nou, dan zijn we nu hopelijk rond. In de hoop jullie hiermee voldoende geïnformeerd te hebben verblijf ik dienstbaar en in diepe genegenheid, jullie kantooramazone, yolo, xxx, Japke-d.

WAT IS EEN ‘PROFESSIONAL’ EN HOE KUN JE ‘GROEIEN ALS PROFESSIONAL’?

Het kan natuurlijk aan mij liggen, maar ik krijg de indruk dat er steeds meer ‘professionals’ komen in de wereld. Ik word er in ieder geval mee doodgegooid op LinkedIn, in vacatures en op de managementblogs.

Zo zijn er ‘communicatie professionals’, ‘IT professionals’, ‘virtueel professionals’, ‘bouw professionals’, ‘finance professionals’, ‘marketing professionals’, ‘content professionals’ en is er bijvoorbeeld ook een Vereniging voor Professionele Frituurders.

LinkedIn heeft zelfs een ‘simpel stappenplan’ onder de titel ‘hoe word je een professional’, ‘om jouw LinkedIn skills’ (ook weer met een spatie) ‘naar een hoger niveau te tillen’.

Gelukkig heeft ‘trainingsinstituut’ de Baak ‘programma’s’ waarin deelnemers ‘groeien als mens en als professional’ (een mens en een professional zijn blijkbaar twee verschillende dingen) en mocht ik ‘trainer’ Martin Groenhuis vragen wat het allemaal betekent.

Nou, eindelijk: wat is een professional?
'Bij de Baak hanteren ze het onderscheid "leiders", "ondernemers" en "professionals".'

Leiders en ondernemers zijn geen professionals?
'Dat kan wel, maar die zitten als leidinggevende en ondernemer niet in de rol van professional. Professionals zijn mensen die gedreven worden door de inhoud van het vak dat ze uitvoeren, meer dan dat ze gedreven worden door geld en ambitie. Het is een bijzonder menstype.'

Leiders en ondernemers hebben toch ook een vak?
'Zeker. Maar die noemen wij dus geen professionals.'

Hoe noem je iemand die geen professional is?
'Bijvoorbeeld functionaris. Of medewerker, of manager. Maar ik moet wel zeggen, en daar heb je natuurlijk een punt, dat de term "professional" aan inflatie onderhevig is. Eigenlijk is de professional de nieuwe manager. Manager was vroeger statusverhogend, dat is nu echt niet meer zo.'

Ben ik een professional?
'Ik neem aan dat je je journalistieke vak serieus neemt, dat je je committeert aan bepaalde do's en don'ts in dat vak en dat je ook vindt dat je daarop aanspreekbaar bent. Dus ja, ik neem aan dat je een professional bent.'

Ben je meteen als je begint in je vak een professional?
'Dan ben je een young professional.'

Ja, volgens uw definitie is dus zo'n beetje iedereen een professional.
'Als je de ambitie voelt om een bepaald vak onder de knie te krijgen, ben je een professional, ook als je nog niet meteen het meesterschap beheerst.'

Je hoeft dus niet goed te zijn in je vak om een professional te zijn.
'Klopt. Maar je moet jezelf wel willen verbeteren.'

Wat is 'groeien als professional'?
'Ja, dat is een vrij open definitie. We zijn namelijk geen vakinhoudelijke opleiding, met een diploma. Groeien wordt door iedereen die bij ons komt dus zelf gedefinieerd. Mensen hebben hun eigen meetlat of ze ook echt gegroeid zijn.'

Jullie claimen dat je groeit als je jullie opleiding volgt, maar het is vervolgens niet te meten of dat ook echt gebeurd is?
'We hebben wel verstand van groeien, dat heeft overigens geen wetenschappelijke basis, het is geen harde wetenschap, maar we horen wel van deelnemers dat ze het zo ervaren hebben.'

Kan je ook ongewenst groeien als professional? Zoals ongewenste haargroei?
'Sterker nog, dat gebeurt dus heel veel. Mensen kunnen soms jaren dingen doen die ze eigenlijk helemaal niet leuk vinden en daar steeds beter in worden; steeds dezelfde

klussen, steeds meer complimenten en de klanten zijn tevreden, maar zelf zijn ze ongelukkig. Uiteindelijk knappen ze daarop af.'

Ik ben zelf vooral als mens nogal ongewenst doorgegroeid. Ik ben 1.84 meter.
'Haha, ja dat is weer iets anders dan wat wij onder "groeien als mens" verstaan.'

Wat verstaan jullie onder 'groeien als mens'?
'Dat je dicht bij jezelf blijft. Ja, ik weet dat jij dat een jeukuitdrukking vindt, maar dat is wel wat wij eronder verstaan. Wij geloven dat professionele groei alleen zin heeft en gelukkiger maakt als die in het verlengde ontstaat van wat voor mens je bent en wilt zijn. Dat je trouw blijft aan het talent dat je zelf in huis hebt. Dat je je leven vormgeeft naar je eigen waarden. Dat is wat we onze deelnemers leren in onze training.'

Als je dat allemaal bij jullie geleerd hebt, moet je eenmaal terug op je werk nog je cynische collega's ontwijken die daar weer een mening over hebben.
'Haha, ja. En wat dacht je van de mensen thuis? We besteden dan ook niet voor niets aandacht aan hoe je het geleerde in de praktijk brengt. Hoe je dat eerste gesprek bij de koffieautomaat voert. Hoe je het uitlegt aan je partner. Als mensen er niet in slagen uit te leggen wat ze geleerd hebben, zijn ze niet naar de Baak geweest.'

DEEP DIVE IN JE BROEKJE

Wat mij opvalt, is dat er steeds nieuwe jeukwoorden bij komen. Is het ene jargonwoord uit de mode, komt er weer een ander voor in de plaats.

'Ophalen en uitvragen', bijvoorbeeld. Je *informeert* niet meer, houdt geen enquêtes meer of doet geen onderzoek meer, nee, tegenwoordig 'vraag je uit' door middel van een 'uitvraag'. Ik hoor het de laatste tijd overal.

Je hebt zelfs verschillende soorten 'uitvragen'. Namelijk de 'interne uitvraag' die je binnen je eigen bedrijf kan 'uitzetten' – je stelt namelijk geen uitvraag, nee, die 'zet je uit'. Maar er is ook de 'externe uitvraag' die tot aan Mars kan gaan, en ik kwam zelfs een gemeente tegen waarvan ik de naam niet zal noemen omdat het Den Helder was, die met droge ogen op de site had gezet dat ze een 'integrale toegang verzorgen met een brede uitvraag' – ik heb geen flauw idee. Iemand?

Ik weet inmiddels wel waarvoor al die uitvragen zijn. Namelijk om 'informatie op te halen'. Jeuk! Je vraagt niks meer, nee, je 'haalt informatie op'. Zet de kliko maar vast buiten, dan komt er vanzelf een vuilniswagen langs om alles af te halen. Mogen we hier weer mee ophouden? Alvast dank.

Net als met **'outreachend'**. Nu in het #MeToo-tijdperk mensen gelukkig niet meer overal met hun tengels aan mogen zitten, is 'outreachend' het nieuwe 'hands-on'. De term komt oorspronkelijk uit de zorg en betekent iets als 'naar de mensen toe gaan', maar duikt ook steeds vaker op als bijvoeglijk naamwoord voor blije collega's. Bijvoorbeeld in vacatures, als er een 'outreachende teamplayer' wordt gezocht. Ik krijg er een EO-gevoel van en dat is nou niet echt een compliment.

'The war on talent'. Jongens. Het is een 'war *for* talent'. Als je zegt dat je een war *on* talent gestart bent, betekent dat dat je ten strijde trekt *tegen* het talent en het helemaal kapotmaakt. Dus zoiets als: 'leve de middelmaat!' Het kan natuurlijk zijn dat je dat bedoelt – als ik sommige vacatures lees is het inderdaad net of de middelmaat gezocht wordt – maar zo niet, herstel deze fout dan snel. Het staat nogal dom.

'Dialoogtafels, klimaattafels, hoofdtafels en deeltafels'. De 'tafel' rukt op in bullshitland en er wordt de laatste tijd meer dan ooit aan vergaderd. Er is namelijk weer een nieuw synoniem bedacht voor oeverloos kletsen zonder dat er iets uit komt: de tafel.

De 'dialoogtafel' zag ik het meest langskomen, blijkbaar zijn er ook tafels waar louter monologen aan worden afgestoken, maar ik hoor ook geregeld over de 'klimaattafel' en natuurlijk de 'hoofdtafel' van Mark Rutte. Dat is de plek waar de belangrijke beslissingen in de politiek genomen worden, maar er zijn ook 'zijtafels' en 'deeltafels'. Zorg de komende tijd dus in ieder geval dat je aan de juiste tafel zit, ik zou zeggen bij voorkeur aan een 'stamtafel'.

'Smart'. Vroeger hadden we alleen een smartphone, maar tegenwoordig is alles smart: 'smart cities', 'smart mobility', 'smart leerdoelen', 'smart goals': je wordt er helemaal gek van. Jammer dat al die 'smart'-dingen gewoon door mensen bedacht zijn en vaak helemaal niet zo *smart* zijn als je hoopte. Ik heb liever 'smart collega's'.

'Waardegedreven'. Tegenwoordig ga je niet meer gewoon naar je werk, maar ga je 'waardegedreven' naar kantoor en werk je vanuit je 'kernwaarden', 'drijfveren' en 'ambities'. Alsof er een straalmotor van waarden in je broek zit. Het gaat sindsdien ook niet meer om 'wat' je doet, maar 'waarom' je het op je werk allemaal doet.

Op die manier is er al 'waardegedreven zorg' ontstaan, 'waardegedreven leiderschap' en 'waardegedreven inkoop'; maar zijn er ook 'waardegedreven glazenwassers', 'waardegedreven hoveniers' en 'waardegedreven begrafenisondernemers' gesignaleerd.

Sinds ik zélf waardegedreven werk, heb ik het een stuk minder druk. Ik hoef mijn stukjes namelijk niet meer af te tikken, maar zeg gewoon tegen mijn baas dat ik bezig ben met het 'omwerpen van de status quo' en de 'emancipatie van de kantoortijger' – dát is mijn kernwaarde. Wat een rust.

'Ambitie, veranderopgave en uitdaging'. Problemen bestaan tegenwoordig niet meer, dat zijn allemaal 'uitdagingen' geworden. Ik zag ook amper plannen van aanpak meer, superouderwets, dat zijn nu 'ambitiedocumenten'. En hoezo maatregelen? Dat noemen we 'veranderopgaven'. Als je het zo noemt, heeft vast niemand door dat je iets moet dóén om iets voor elkaar te krijgen.

'Oplossingen'. Zijn de problemen afgeschaft, oplossingen zijn er daarentegen te over! Oplossingen dus, voor dingen die geen probleem zijn. Zo zag ik 'financieringsoplossingen', 'ICT-oplossingen', 'koffie-oplossingen' en zelfs, gewoon, bij mijn eigen Albert Heijn, 'maaltijdoplossingen'! Geen idee wat het zijn, ik denk iets met zout-zuur.

'Eigenaarschap tonen en gedeeld eigenaarschap'. Als je je verantwoordelijkheid neemt en doet waarvoor je betaald wordt, heet dat tegenwoordig 'je eigenaarschap tonen'. Geen flauw idee aan wie je je eigenaarschap moet tonen trouwens, en *hoe* dan, maar je toont het. Ik denk een beetje als een potloodventer, zo van: 'hee, pst, wil je mijn eigenaarschap zien?'

Gelukkig hoef je het niet allemaal alleen te doen en kun je je eigenaarschap ook delen, dat heet 'gedeeld eigenaarschap'. Dan zijn er dus meerdere mensen ergens voor verantwoordelijk – hét recept om te zorgen dat er alleen maar wordt overlegd en er niks hoeft te gebeuren.

Waar ook veel mensen de laatste tijd bultjes van krijgen is 'dagdagelijks' – waarom niet gewoon 'dagelijks'? – 'mensen ergens in meenemen' als je 'overtuigen' bedoelt (gingen we maar eens ergens heen) en, heel erg jeuk: 'het net ophalen' voor peilen wat je collega's ervan vinden. Zitten we in een kotter op zee? Ik dacht het niet.

Maar er zijn ook veel mensen die willen stoppen met tenenkrommende adviezen als 'jezelf zichtbaar maken' ('hoe dan,' vroeg iemand, 'met een clownspak?!'), 'overwinningen vieren' (wás er maar eens een feest) en 'veranderingen omarmen'. Dat laatste betekent gewoon dat je geen kritiek mag hebben, vond iemand. Zeg dát dan.

'De klantreis', dat houdt ook maar niet op. Ik wil graag gewoon thuisblijven in plaats van voor elk product op klantreis te moeten. Kan iemand dat regelen?

'Je rol pakken'. O man, mijn hele traumatische campingverleden waarbij ik altijd met een wc-rol de camping over moest, kwam weer boven. Want je hebt tegenwoordig geen functie meer, maar een ROL van waaruit je moet 'acteren' en die je dus vooral niet moet vergeten te pakken.

Het betekent zoiets als: zet eens een tandje bij op je werk. Dus dat je binnenloopt op kantoor, een propje ziet liggen, dat oppakt en het in de prullenbak gooit. Dan pak je niet alleen het propje, maar ook je rol én toon je eigenaarschap.

Je kunt zelfs verschillende rollen tegelijk hebben! Dan moet je wel goed op je 'rolhygiëne' letten. Ook dat heeft niets met het toilet te maken, maar betekent dat je weliswaar je rol moet pakken, maar je je ook weer niet té veel met het werk van anderen moet bemoeien.

Pfffffff.

De 'journey'. Dat is hetzelfde als reis, maar dan op z'n Engels, dus meteen al een stuk interessanter, vermoed ik. De klantreis wordt volgens dat recept 'customer journey' – dat zijn de afwegingen die consumenten maken voor ze iets kopen. Maar er schieten ook allerlei andere journeys als paddestoelen uit de grond.

Zoals de 'employer journey' voor werkgevers, de 'student journey' voor scholieren, de 'candidate journey' voor sollicitanten en de 'patient journey' voor mensen in een ziekenhuis – iedereen moest op reis. Vind je het gek dat we een stikstofprobleem hebben in dit land?

Ik had er nog nooit van gehoord, maar ineens was er ook **'integraal werken'**. Ook weer zo'n woord waarvan je denkt: waarom toch? Misschien betekent het 'ál het werk doen', in plaats van alles maar een beetje half. Dat zou in veel bedrijven best een verbetering zijn. Maar liever: stop er gewoon mee. 'Niemand weet hier wat het betekent,' schreef een lezer me op Twitter. 'Maar het is binnen ons bedrijf wel een speerpunt.'

Dan: **'de beslisboom'**. Een lezer stuurde hem in de zin: 'De welstandsnota is niet meegenomen in de beslisboom.' Ik denk dat ze er 'besluitvorming' mee bedoelen, maar met bomen weet je het natuurlijk nooit helemaal zeker, qua wildgroei. Is dat je beslisboom of ben je gewoon blij om me te zien? 'Het plan gaat niet door, we hebben net de beslisboom omgezaagd,' liet een lezer op Twitter weten. Dat kan natuurlijk ook.

Of wat dachten jullie van Schiphol dat met 'een nieuwe contentstrategie is getransformeerd van procesgedreven organisatie tot **human brand**'. Dat is geen menselijk vuur, ik heb het even opgezocht, maar een menselijk merk. Maar wacht even. Schiphol, een merk? Volgens mij is het gewoon een luchthaven.

Of neem de KNVB die een **'activatiemanager'** zocht, iemand die 'ideeën tot leven brengt, voor draagvlak zorgt en overgaat tot excellente executie'. Dat is toch zinloos, schreef een twitteraar: ideeën tot leven brengen en ze dan executeren?

Ja, dat is zinloos.

Er was ook iemand die op LinkedIn een man had gevonden die **'de groei van procesverbeteraars katalyseert'**. Wat zou zo iemand de hele dag doen? Of de 'lokale doorbraakofficier' die bij een lezer op zijn werk 'op zoek was naar co-gecreëerde kennis om daarmee handelingsmogelijkheden te vergroten'. 'Er bestaan pilletjes tegen doorbraken,' adviseerde een andere twitteraar.

Ik heb overal gezocht, maar **de cursus** is verdwenen! Die heten nu 'workshops' (en dan het liefst 'interactieve workshops'), 'clinics', 'break-outsessies', 'living labs' (ik denk met apen en muizen) maar bovenal 'masterclasses'. Er zijn ook geen cursusleiders meer, die heten tegenwoordig 'topdocenten'.

Ik vind het zelf in ieder geval heerlijk om een masterclass te krijgen van een topdocent. Klinkt een stuk beter dan 'drie kwartier luisteren naar een saaie man die zijn overbodige boek over "leiderschap" wil verkopen'.

Dan, **de Engelse ziekte**: Engels praten als dat helemaal niet nodig is, en er lijden nog steeds heel veel mensen aan. Bijvoorbeeld als iemand wil bellen. Vroeger pakte je dan de telefoon. Tegenwoordig 'ga je een call in'. Iemand zei laatst tegen me: 'Ik kan niet lang met je praten want ik moet zo een call in.' Toen ik daar heel hard om moest lachen, bleek ze het serieus te hebben bedoeld.

Maar ik werd ook overspoeld met 'save the dates' (red alle data want morgen vergaat de wereld), met 'call to actions' (schreeuw niet zo), en wilden veel mensen 'face to face' met me 'meeten' (nee, nee en nog eens nee).

Verder maakt het woord 'nice' de laatste tijd een enorme opkomst, als in: 'Ik heb een nieuwe baan' – 'O, nice!' Ook vonden veel mensen op LinkedIn dat ik lekker had staan 'shinen' en 'challengen' op mijn presentaties. Die had ik echt 'gesliced, genaild en ge-ownd'. Huil.

En dan zijn er natuurlijk een hoop mensen die hun mail 'traffic' noemden, hun 'social skills wilden improven' en hun 'mindset wilden changen'.

Maar het toppunt van onnodig Engels vond ik toch wel deze: 'Waarom heb je dat niet in de meeting gementioned?' Ik krijg er een pointhead van.

Net als van de **'keten'**. Man, je kan je kont niet keren of er ligt wel ergens een vastgeroeste keten. Zoals de 'opdrachtketen', de 'veiligheidsketen' en de 'klantketen'. Maar ik kwam ook 'lijnloze ketenzorg' tegen, 'ketenintegratie', 'overzicht over informatieketens', 'focus op de keten – zowel decentraal als centraal' – en natuurlijk de 'integrale keten': een soort overkoepelende kerker waar we met z'n allen in gevangenzitten.

En dan vergeet ik nog bijna de 'integrale, ketenbrede voortgangsrapportage', waarop een collega me ooit attendeerde en die ik uiteraard van kaft tot kaft verslonden heb. Lieve mensen, werp je ketenen toch af.

Maar waar ik pas écht een vieze smaak van in m'n mond

kreeg, was van de '**afdronk**'. Bijvoorbeeld als collega's je vragen of je je 'afdronk' van een overleg of congres met hen wilt 'delen'. Je afdronk delen?! Hoe dan? Met een tongzoen?!

Ik heb het uiteraard nog even voor jullie nagevraagd, of deze zinsnede misschien iets te maken heeft met alcohol. Maar zelfs dát bleek niet het geval te zijn. Weg ermee dus. Dat is écht voor iedereen beter. Zeg gewoon: wat vind je ervan?

Maar de onbetwiste 'nieuwe' jargontopper is wat mij betreft **'the deep dive'** of de 'deep dive sessie' (met verkeerde spaties). Ik had hem al wel eens eerder gehoord, maar hij kwam pas écht 'bij me binnen' door een boek van schrijver Marcel Canoy over de Rabobank, waarin stond dat de directie medewerkers geregeld 'in een deep dive door the why trekt'. Je zult er maar werken.

Wat het betekent? Nou, gewoon: 'grondig onderzoek'. Maar blijkbaar is dat in veel bedrijven zo uitzonderlijk geworden dat er een apart – uiteraard Engels – woord voor is bedacht.

Wat ik het gekste vind aan de deep dive, is dat diep duiken best gevaarlijk is: elke duiker weet dat. Want hoe dieper je komt, hoe groter de 'stikstofnarcose' – je gaat wartaal uitslaan, rare dingen doen en kan niet meer coherent nadenken. Dat is ook het soort dingen dat je vaak ziet tijdens een deep dive, maar waar je volgens mij toch niet écht trots op kan zijn.

Ik kan jullie dan ook meedelen dat vanaf vandaag alle deep dives verboden zijn, zeker die van dertig meter of dieper, en ik hoop dat we vanaf nu weer wat vaker aan de oppervlakte blijven. Dat bleven de meeste deep dives overigens tóch al.

Rest alleen nog de vraag hoe we de komende tijd al het (nieuwe) jargon weer gaan overleven. Ik weet daar even geen oplossing voor, behalve dan oordopjes gebruiken, er hard om blijven lachen én blijven doorvragen wat het betekent. 'Als je achter elk jeukwoord in gedachten "in je broekje" plakt, is elke werkdag een feest,' schreef een van m'n lezers.

Maar dat heb je niet van mij.

En dan kwamen er ook weer een hoop nieuwe, tenenkrommende functietitels bij de afgelopen jaren. Wat dachten jullie bijvoorbeeld van de 'teamleider inhoudelijke zaken'? Schitterend. Nu nog een 'teamleider nutteloze zaken' en we kunnen door.

Of de 'coördinator strategische duidelijkheid'. Ik denk dat die nauw samenwerkt met de 'coördinator strategische onduidelijkheid'.

Vroeger had je 'aanjagers'. Weten jullie het nog? Zoals het 'aanjaagteam verwarde personen', of het 'aanjaagteam toeristen Barneveld'. Maar omdat er nog stééds niemand in beweging kwam, zijn er 'trekkers' bedacht om mensen aan hun haren naar het werk te sleuren.

Zo las ik over 'enthousiaste thematrekkers', over 'programmatrekkers', 'agendatrekkers', over 'programmalijntrekkers' (dat heette in mijn tijd 'labbekakken').

Maar er kwamen ook gewone 'trekkers' en dan bedoel

ik niet die op het Malieveld, of op de snelweg. Nee, 'trekkers' zijn mensen, en ze moeten er soms hard aan trekken. Dat heet trouwens 'tractie': hoe groot is jouw tractie?

Een lezer schreef: 'Ons innovatieproject heeft pijlers, die pijlers hebben trekkers en onder die pijlers liggen fundamenten.' Pfjieuw, ga er maar aan staan!

Al een tijdje in opkomst, maar de laatste tijd helemaal niet meer te stuiten is de 'chief'. De 'lead' die in een 'squad' werkt, lijkt daarentegen een beetje op z'n retour. Net als de 'chapters', een benaming voor 'teams'. Misschien omdat de Hells Angels overal verboden worden of omdat iemand er achter is gekomen dat de Ku Klux Klan zijn afdelingen buiten de VS ook 'chapters' noemt – je weet het niet.

Hoe dan ook rukken de 'chiefs' dus op. Zoals de 'chief digital transformation officer', de 'chief happiness officer', de 'chief nursing officer', de 'chief cultural diversity officer' en ga zo maar door.

Het is vast geen toeval dat ook steeds meer bedrijven hun afdelingen 'tribes' noemen en 'kampvuurgesprekken' over hun 'totem' houden. Ik zou maar vast tipi's gaan bestellen.

De 'circulair professional' is er, denk ik, om het kringetje rond te maken. Of iemand die in kringetjes blijft ronddraaien, dat kan natuurlijk ook.

Ook mooi: de 'business continuity manager' (eindelijk: iemand die de boel aan de gang houdt!); de 'taakaccenthouder' (ik denk iemand uit Brabant of Limburg); de 'integrale verbetercoach' (die ook meteen even de apk van je auto doet, vermoed ik) en de 'regiomanager lijnloze ketenzorg' (die onder de 'CEO lijntrekken' valt).

Maar de onbetwiste nummer 1 van de gekke functietitels was voor mij, tot dusver dan hè, het ministerie van Binnenlandse Zaken, dat onlangs een 'duidelijketaalcampagne' lanceerde maar desondanks toch keihard een vacature plaatste voor een 'Raakvlakmanager Strategische Beheerorganisatie Digitaal Stelsel Omgevingswet'.

Humor.

DE MAN IS TE WARM, DE VROUW TE KOUD

Vrouwen hebben het gemiddeld vaker koud dan mannen. Ik hoor er tenminste altijd een hoop klagen als het koud is. Ik zie ze ook vaak zitten onder kleedjes op de bank, slepen met vesten op kantoor en in hun muntthee blazen met katten op schoot. Het kan natuurlijk aan mij liggen, maar dat zie ik mannen toch een stuk minder doen.

Ik heb lang gedacht dat vrouwen meer last hebben van de kou omdat hun gevoelstemperatuur een stuk lager ligt dan die van mannen, zeker op kantoor. Dus dat ze gevoeliger zijn voor de 'frisse wind' van de nieuwe lul van sales, dat ze een ijskoude sfeer aan de vergadertafel eerder aanvoelen. Het kan ook dat mannen gewoon vergeten te klagen omdat ze het te druk hebben, maar het blijkt veel eenvoudiger.

Vrouwen produceren gemiddeld gewoon minder warmte dan mannen, zegt Wouter van Marken Lichtenbelt als ik hem erover bel. Hij is hoogleraar ecologische energetica en gezondheid aan de Universiteit van Maastricht en hij doet onderzoek naar de warmteproductie van het menselijk lichaam. De verschillen zijn zelfs 'aanzienlijk', zegt hij, mannen kunnen tot wel 35 procent meer warmte produceren dan vrouwen.

Dat komt doordat organen en spieren meer warmte produceren dan lichaamsvet en mannen relatief meer spieren, grotere organen én gemiddeld grotere lichamen hebben dan vrouwen. Dit betekent dat als je het koud hebt, je beter op een man kunt gaan zitten dan op een vrouw, vrouwen meer moeite moeten doen om warm te blijven en mannen het sneller te warm hebben – misschien is het daarom dat de grootste ontkenners van de klimaatopwarming mannen zijn. Maar wat mij nog het meest opvalt, is dat zowel vrouwen als mannen veel te weinig met deze kennis doen.

Zo dragen mannen vaak pakken met stropdassen terwijl ze beter een luchtig niemendalletje aan zouden kunnen trekken, lezen vrouwen relatief vaker een boek terwijl ze beter zouden kunnen gaan voetballen en zie ik mannen vaak driftig op kantoor rondlopen om zich te profileren terwijl dat voor vrouwen een stuk nuttiger zou zijn.

Het is eigenlijk ook heel onpraktisch dat zoveel vrouwen met mannen samenwonen in dit land. Ik hoor geregeld over mannen die in bed bijna een hartstilstand krijgen als hun vrouwen hun koude voeten in stelling brengen en ik ken paren die de hele dag ruziën over de vraag wanneer de elektrische deken aan mag en louter nog met elkaar communiceren door het stiekem open- dan wel dichtdraaien van de thermostaatknop.

Om over het klimaat op kantoren nog maar te zwijgen,

zegt hoogleraar Van Marken Lichtenbelt. Dat blijkt nog veel te vaak op de gemiddelde man afgesteld. Hij is daarom met zijn collega's allerlei oplossingen aan het onderzoeken om het voor zowel vrouwen als mannen aangenamer te maken. Bijvoorbeeld door tafelbladen en stoelen te ontwerpen die je warm en koud kunt maken en thermostaten die je lokaal kunt bedienen. Maar ik heb een veel eenvoudiger oplossing.

Ik zou zeggen: mannen, trek eens wat vaker je colbert uit, ga wat vaker een boek lezen en ga met een man samenwonen in plaats van met een vrouw – dat scheelt enorm. En vrouwen, ga een pak dragen, ga meer rondlopen op je werk en ga eens wat vaker lasergamen in plaats van met je vriendinnen onder een kleedje op de bank te zitten.

De thermostaatknop van de héle samenleving moet om.

DIT IS MIJN GEHEIME TIP VOOR OP KANTOOR

Na vijf boeken en bijna tien jaar kantoorcolumns hebben jullie al een karrenvracht aan tips van me gekregen voor hoe je gelukkig wordt op je werk, of in ieder geval hoe je de kantoorjungle kunt overleven – aan mij kan het niet gelegen hebben.

Dat we moeten stoppen met vergaderen omdat het écht niets oplevert. Dat een kantoorgebouw zo lelijk mogelijk moet zijn omdat je je er anders niet thuis voelt. Dat we moeten stoppen met jargon omdat het alles nodeloos ingewikkeld maakt. Dat elke kantoortijger thuis een huisdier met een vacht zou moeten hebben om 's avonds in te kunnen uithuilen. Dat bazen die mensen op flexplekken laten werken grote sadisten zijn en meteen ontslagen moeten worden. Dat iedereen een eigen kamer verdient op kantoor.

Om maar even de belangrijkste te noemen.

Maar mijn állerbelangrijkste tip, die voor mij al bijna twintig jaar het geluk van mijn leven is en mij tot nu toe steeds weer door alle duisternis heeft weten te leiden, dáár heb ik het nog nooit met jullie over gehad. Dat komt omdat het een beetje een tuttige tip is. Omdat het meer klinkt als iets voor oude vrouwtjes. Het is ook niet bepaald een wereldinnovatie of raketwetenschap – en ik weet hoe jullie *flashy* kantoortijgers hechten aan de laatste trends en technieken.

Maar toen ik laatst de zoveelste mail van een kantoortijger kreeg die ongelukkig was op zijn werk, dacht ik: nu is het tijd. Dus hier is hij dan, hou je vast, mijn tip luidt: ga wandelen.

En nou niet meteen afhaken, want wandelen is geweldig. En dan echt wandelen hè, dus niet hardlopen en al helemaal geen halve of hele marathons, god spaar me, dat is ook allemaal veel te slecht voor je knieën en heupen. Nee, gewoon wandelen. En nog erger: gewoon buiten. Dus niet op een loopband of in een sportschool, nee: de deur uit en je bent er.

Ik wandel elke dag minstens drie kwartier, maar mijn favoriete rondje duurt een uur en vijftien minuten. Is inderdaad wat lang, elke dag, maar als je stopt met totaal overbodige scrumsessies, op je smartphone turen, op de bank hangen en jezelf zielig vinden, dan heb je die minuten zo bij elkaar.

Ik heb zelf de mazzel dat ik in Utrecht woon. Dan loop ik over de singels, langs de Sterrenwacht, door het Griftpark en over de Maliebaan weer terug, dan voel ik me net een amazone op vakantie. Maar ik heb me laten vertellen dat het zelfs in de natuur kan, op vakantie, tijdens het boodschappen doen of in de kroeg, en ja, ook in Waddinxveen kun je wandelen.

Maar ga vooral wandelen op kantoor! Je wil niet weten hoe ideaal je werkplek is voor een stevige wandeling. Als je het eenmaal ziet, gaat er een wereld voor je open.

Als die ene nare kletscollega eraan komt: opstaan en wegwezen. Als de mannen van *sales* achter je bureau over hun wielrenroutes beginnen: hop, even een ommetje. Als je baas begint over '*multidisciplinaire dedidated project-teams*' met een hoge mate van '*maturity*': rechtsomkeert en stappen met die hap.

Wandelen op kantoor is bovendien heel strategisch. Ik schreef al eerder dat het dé manier is om je te profileren: eindeloos rondlopen met een dossiermap waar gele en roze briefjes uitsteken maakt je onaantastbaar en laat zien dat je heel druk en belangrijk bent.

Maar ook tijdens (Zoom-)vergaderingen kun je wandelen. Zomaar ineens, midden in de zin van een '*impactful change agent*' tijdens een haardvuursessie over de '*purpose*', bam: jij staat op, loopt naar het raam, maakt van daaruit een rondje om de tafel, betekenisvol peinzend kijkend. Moet jij eens opletten hoe intrigerend dat eruitziet.

Maar het mooiste is natuurlijk dat wandelen je leven kan redden. En dan heb ik het nog niet eens over hoe gezond het is. Dat het aderverkalking tegengaat, hartfalen, trombose, diabetes, alzheimer blablabla en o ja, je valt ervan af – maar dat weten we nou wel.

Nee, het gaat veel verder: wandelen maakt je geest vrij. Het is lastig uit te leggen hoe dat precies werkt en je begint het pas te merken als je het een tijdje doet, maar wandelen maakt je onoverwinnelijk.

Omdat het je terugbrengt in het lichaam dat je op kantoor, in je gezinsleven en je stadse microkosmos bijna vergeten was. Omdat je je hart weer voelt kloppen. En dan niet het laffe kloppen van een middelmatig, middelbaar organisme, maar het machtige kloppen van een hart dat gered is.

Wandelen maakt je dankbaar. Voor de ruisende wind, de zingende merels, voor de troostende motregen – je leeft.

Wandelen is een middelvinger naar je eigen sterfelijkheid. Wandelen heeft mijn leven voorgoed veranderd.

Nu jij.

STOP EENS MET DAT JARGON IN DE ZORG

Ik las ooit een blog in *Medisch Contact*, hét artsenvakblad van Nederland, en dat was even schrikken. Onder de titel 'De cocreatie van intersectorale kwaliteitskaders' stortte de schrijver, oncologisch chirurg Schelto Kruijff, een onbegrijpelijk verhaal vol jeukjargon over de lezer heen.

Shockblog *GeenStijl* plaatste het door onder de kop 'Alles wat er mis is in De Zorg in 1 tweet' en al gauw regende het verontwaardigde reacties over al die termen, zoals 'kennisvalorisatie' en 'economisering van het zorgcontinuüm'. Ik vroeg de schrijver, Schelto Kruijff, wat hem bezielde.

Zeg me dat het satire was.

'Ja natuurlijk was het satire. Dat kon je zien aan de laatste zin. Daarin stond "Jip en Janneke", van de Jip-en-Janneke-taal. Maar veel mensen kwamen niet tot het eind. *Medisch Contact* ook niet! Die stuurden de eerste versie terug met het verzoek: kan het wat korter, we komen er niet doorheen. Dat zegt genoeg.'

Wat wilde je met het stuk zeggen?
'Praat eens normaal en stop met die wartaal in de zorg!'

Erg hè, dat zorgjargon.
'Enorm! Ik word er niet goed van. En ik ben niet de enige, de meeste collegae zijn er he-le-maal klaar mee. Zo kregen we laatst een nieuw elektronisch patiëntensysteem, EPD. Dan worden instructeurs die ons daarbij helpen "*super users*" genoemd, is er voor ondersteuning "*floor support*" beschikbaar en hoorde ik ook de term "*breaking the glass*". Dat is een procedure die voor het patiëntenbelang wel moet worden uitgevoerd, terwijl er voor de gebruiker eigenlijk geen toegang geoorloofd is. En dan hebben we het dus over een gewoon ziekenhuis in Groningen, hè.'

Engels jargon is overal in Nederland.
'Ja, maar waarom? In Vlaanderen praten ze in de zorg ook gewoon Nederlands. Ik snap nooit waarom dat hier niet ook kan.'

Waar komt al dat jargon eigenlijk vandaan?
'Ik noem ze altijd "de mannen in pakken", de managers – die praten zo. Vroeger waren hoogleraren meestal zelf verantwoordelijk voor de begroting van hun afdeling in het ziekenhuis, maar die maakten er financieel vaak een potje van. Toen kwam dus, heel begrijpelijk, de beweging dat de zorg "gemanaged" moest worden en kwamen de managers. Overigens spraken artsen in die tijd zelf ook vaak in medisch jargon.'

Dokters zijn geen haar beter, met hun jargon.
'Ja, vroeger! Maar dat is er echt uit geramd, hoor. Natuurlijk praten dokters onderling nog vaak in vakjargon, om dingen korter en sneller te kunnen zeggen, maar aan hun patiënten moeten ze steeds duidelijker kunnen uitleggen wat er aan de hand is. De zorgmanagers daarentegen zijn steeds onduidelijkere wartaal gaan praten, terwijl er inhoudelijk amper iets gezegd wordt.'

Waarom praten die managers zo?
'Mogelijk om rookgordijnen op te trekken. Ik had het er laatst met mijn schoonmoeder over, zij zat in het onderwijs. Zij had dan een "mobiliteitsvergadering". Dat is een vergadering waarin mensen uiteindelijk ontslagen worden. Zo is het ook in de zorg. Jargon wordt vaak gebruikt om te verbergen wat ze écht aan het doen zijn.'

Heeft jargon ook nut?
'Zeker. Je kunt er sneller iets mee uitleggen. Neem "de transmurale zorgbrug". Dat betekent dat zorgverleners binnen en buiten zorginstellingen elkaars complexe patiënten beter overdragen en samenwerken. Een prachtig initiatief. Met "transmurale zorgbrug" vat je dat samen.'

Je hebt het nu toch ook kort samengevat in normaal Nederlands?
'Ja, dat is ook weer zo. Ach ja, jargon is ook deels dikdoenerij natuurlijk. Om een soort bestaansrecht te rechtvaardigen. Zo van: "Wij zijn met heel ingewikkelde dingen bezig,

je kunt ons niet zomaar afschaffen." Overigens wordt jargon ook vaak gebruikt als mensen niet precies weten wat ze aan het doen zijn.'

Moeten we stoppen met dat jargon?

'Ja. Het gevaar is nu namelijk dat wij dokters, afgestompt door deze taal, ons steeds minder gaan interesseren voor wat de managers voor ons doen. Als ik bijvoorbeeld hoor dat het "alleen met solide *clinical governance*-strategieën uiteindelijk lukt een extramuralisatieplatform te ontschotten in het zorgdomein", dan haakt iedereen af. Terwijl dat "ontschotten" of die "extramuralisatie" mogelijk wel heel belangrijk kunnen zijn. Want de zorg is door allerlei wetgeving en toenemende bureaucratisering veel ingewikkelder geworden. Managers zijn daarom heel erg nodig, zodat artsen hun tijd zo veel mogelijk aan patiënten kunnen besteden. Maar dan moeten we wél met de managers in gesprek blijven.'

Misschien zou je een tijdje een arts in zo'n managementteam kunnen zetten?

'Nou, dat gebeurt ook al! Maar vaak is het dan zo dat zo'n arts binnen de kortste keren zijn witte jas uitdoet, een pak aantrekt en ook dat soort taal gaat uitslaan. Dat helpt dus niet.'

Wat helpt wél?

'Praat gewoon normaal Nederlands! Hoe ingewikkeld kan het zijn?'

DIT ZIJN DE ERGSTE BEDRIJFSUITJES...

Je collega's kunnen je naar de hoogste toppen stuwen, van creativiteit, gezelligheid en voldoening. Maar je ook net zo snel weer de afgrond in prakken en in een diepe put van ellende storten. Neem het verplichte bedrijfsuitje. Er zijn vast wel ergens kantoortijgers die er enorm van opleven, maar de meerderheid ziet er als een berg tegenop.

Dat merkte ik ook weer toen ik op Twitter informeerde naar de vreemdste uitjes die mensen ooit met collega's hadden ondernomen – een beerput van misère en frustratie ging open.

Zoals het supergênante bedrijfsuitje. Ik geloofde het eerst niet, maar er zijn dus écht bedrijven die in het kader van de 'teambuilding' een dagje naar de sauna organiseren. Jongens, teambuilding in je broekje – dat kan écht niet. Ik snap niet dat ik dat nog moet uitleggen. Net als al die andere bedrijfsuitjes waarbij de kleren uit moeten, zoals zwemmen, paaldansen en strippoker: doe normaal!

Maar ook de behandeling door een haptonoom waarbij collega's in ondergoed op tafels moesten gaan liggen, zoals iemand schreef. Of de 'cursus tenenlezen' die een groepje ambtenaren voor de kiezen kreeg – vreselijk. Als je de tenenkaas en kalknagels van je collega's wilt bestuderen om zo te bepalen wat voor type persoonlijkheid ze hebben, kun je sowieso beter even wat rust gaan nemen.

Maar zelfs met alle kleren áán kan een bedrijfsuitje behoorlijk gênant worden, zo las ik in jullie antwoorden. Bijvoorbeeld als er gesport, gedanst of überhaupt actief bewogen moet worden door mensen die daar eigenlijk te zwaar voor zijn en niet willen, hoogtevrees hebben of sowieso geen zin hebben in spierpijn en botbreuken.

In het kader daarvan kwam ik bijvoorbeeld turnen tegen, *line dancing* – de hel – 'trampoline springen op een grote zak waarin koeienpoep was vergist tot biogas', skippybalspringen, en 'de kleur oranje dansen'.

Over de kleur oranje gesproken: zullen we ook gewoon stoppen met al die zweverige uitjes? Echt hoor. Zoals de 'sessie met Playmobil-poppetjes die je "innerlijke meisje of jongetje" blootlegt', zoals iemand schreef. Of de workshop 'waarbij je je linkerrijtje moest laten leegstromen'. Sommige mensen moesten daarna jaren in psychotherapie.

Net als die 'lachsessies' waarbij je hysterisch met je collega's moet gaan zitten schateren of het 'klankschaalligconcert' waarvan, zo schreef de tipgever, 'ik me vooral de naast mij in slaap gevallen collega herinner die al snurkend meer geluid produceerde dan alle klankschalen bij elkaar'.

En ik hoop ook dat we mogen stoppen met al die dierenuitjes. Zo las ik dat iemand een workshop 'doelen stellen met koeien' had gevolgd, waarbij enkele collega's zo'n koefobie hadden dat ze steeds 'er komt er eentje aan' liepen te gillen – en het weinig doelen opleverde.

Ik las ook over varkens masseren, schapen aaien en natuurlijk 'paardencoaching'. Zullen we gewoon afspreken dat we naar een gecertificeerd psycholoog gaan als we vinden dat er iets mis is met onze persoonlijkheid in plaats van dat door een 'coach' met een ouwe knol te laten bepalen? Alvast dank.

Of de knutseluitjes. Man man man. Ik hoop dat jullie op de kleuterschool goed hebben opgelet, want in veel bedrijven mag je gewoon weer dóór met de ongekookte spaghetti, Lego, Knexx, satéprikkers, elastiekjes, modder, ballonnen, autobanden, ducttape, pvc-buizen, landbouwplastic en wasknijpers.

Daar moet je dan torens van bouwen. Of wigwams, vlotten, vikingschepen en loopbruggen. Iemand meldde dat 'het bouwsel dat het eerst ineenzeeg de hoofdprijs kreeg, want dat team "durfde het te laten gebeuren"'. Daar moest ik dan weer erg om lachen.

Helaas moest ik meteen weer huilen toen ik vervolgens las over de workshop 'geblinddoekt neuriën' 'en dan anderen met dezelfde toonhoogte zoeken'. Of de collega's van een woningcorporatie die samen, ook geblinddoekt, een sleutel moesten kleien. 'Daar ben ik nooit meer van hersteld,' schreef de tipgever.

Mag er dan helemaal niks meer als bedrijfsuitje? hoor ik jullie nu vragen. Nou, dat is het grappige: van mij mag alles. Zolang het maar vrijwillig is. Ga dus lekker naar de

Toppers, tenenlezen of mierenneuken met je collega's, maar laat de mensen die daar geen zin in hebben lekker achter op het werk.

Ja, maar de teambuilding dan?! Lieve mensen, de teambuilding wordt écht niet beter van een dagje stormbanen, klankschalen of door de koeienpoep kruipen. Laat mensen liever eens een dagje rustig werken.

Je zal versteld staan, wat dát voor de teambuilding doet.

...EN DIT ZIJN DE LEUKSTE BEDRIJFSUITJES

In het vorige hoofdstuk schreef ik over allerlei ellendige activiteiten waar mensen verplicht met hun collega's naartoe moeten voor de 'teambuilding'. En dan had ik het 'liggen in doodskisten' nog niet eens genoemd, wat een bedrijf zijn personeel ooit had aangedaan – om met je sterfelijkheid in contact te komen.

Sodemieter op.

Het leek me daarom fijn om een hoofdstuk te reserveren voor de leukste bedrijfsuitjes. Maar ik kon er eigenlijk geen vinden. Dus in plaats daarvan heb ik een aantal tips. Het beste bedrijfsuitje blijft het uitje dat niet verplicht is. Maar als dat niet mogelijk is, helpen deze ideeën wellicht om het leed wat te verzachten.

De escaperoom. Veel bedrijven gaan op uitje naar een escaperoom (dat is een spel waarbij je door te puzzelen uit een kamer moet zien te ontsnappen), maar eigenlijk is dat best sadistisch, want: 'Ik zit hier elke dag al in een escaperoom', zoals iemand op Twitter schreef. Daarom mijn tip om de escaperoom gewoon op kantoor te organiseren.

De mensen die eruit breken, mogen naar huis.

Het extreem korte uitje. Wie zegt dat een bedrijfsuitje per se een hele dag moet duren? Waarom niet een kwartier met Lego bouwen of koe knuffelen? Waarom niet een minuut 'de kleur oranje dansen' of 'geblinddoekt neuriën en de mensen zoeken met dezelfde toonhoogte' en daarna hup, weer door met je werk? Gaan we dan dood of zo?

Het legendarische uitje. Een riskante tip, maar zeker het proberen waard: zorg voor een legendarisch uitje waar iedereen het jaren later nóg over heeft. Bijvoorbeeld omdat er te veel collega's zwanger werden, in de cel belandden of nooit meer terugkwamen. Iedereen zal snappen dat het uitje daarna werd afgeschaft, maar de verhalen erover zorgen jaren later nog steeds voor teambuilding.

Een dag rustig werken. Het klinkt misschien gek, maar waarom niet: gewoon eens een dag lekker rustig werken als bedrijfsuitje. Dus zonder vergaderingen, geleuter van paardentrainers of '*agile* coaches' en écht eens wat afkrijgen op kantoor – een revolutionair idee. Dan kan zelfs élke dag een fijn bedrijfsuitje worden!

Het uitje waarbij iedereen elkaar kwijtraakt. Een andere tip is iedereen in bussen te laden, ergens heen te rijden en elkaar daarna kwijt te raken. Je kunt dat groots aanpakken en naar Parijs of New York afreizen, maar ook klimaatneutralere opties als 'naar het strand' of 'naar het bos' werken prima. Stap uit die bus, adem diep in en raak elkaar kwijt. Heerlijk.

Toch kun je zelfs van een vreselijk uitje nog een geslaagde dag maken door de bedrijfsleiding een wat actievere rol te geven. Denk daarbij bijvoorbeeld aan paaldansen, een menselijke piramide bouwen of over hete kolen lopen, maar dan alleen met het managementteam als deelnemers en de rest van de collega's op tuinstoeltjes eromheen.

In die lijn doorredenerend zijn de mogelijkheden natuurlijk legio. Zoals kruisboogschieten op 'het punt van de horizon' van de directie, of beter nog, op de appel op het hoofd van de baas. Of kleien! Dat je de secretaris-generaal mag kleien. Maar dan over haar of zijn kleding heen.

Ook heel leuk: echte botsauto's in de parkeergarage en dan per ongeluk een paar leasewagens van de raad van bestuur laten staan. Of een uitje op een schip waarbij de CEO opstapt en de boot vervolgens vertrekt zonder de rest van de collega's.

Ik las ook over een workshop waarbij je in teams moest proberen een ingepakt ei van grote hoogte te laten vallen zonder dat het breekt – echt. Waarom niet proberen een paar van die eieren op het hoofd van de baas te laten vallen en dán kijken of ze breken?

Maar je kunt ook denken aan judo-workshops, kickboksen of zelfverdediging om te leren 'meebewegen', waarbij je natuurlijk ook prima je manager met een heupworp kunt vloeren. Of klootschieten. En dat de baas dan moet rennen. Succes verzekerd.

Ook mooi: de grondige renovatie. Veel bedrijven hebben renovatiewerkzaamheden op stapel staan. Waarom die niet integreren met het bedrijfsuitje? Dus dat je wc-potten van de muur mag breken, tussenmuren mag slechten, servies mag kapotgooien, printers mag stukslaan en systeemplafonds mag slopen. Het kan dan natuurlijk gebeuren dat er per ongeluk iets misgaat. Maar ook dát is teambuilding, mensen.

Maar het állerleukste uitje is natuurlijk het uitje dat niet doorging. Stel je voor, iedereen komt bloedjechagrijnig naar kantoor. Met slaapzakken, rugzakken, matjes, tenten, kooktoestellen en gasflessen. En als iedereen er is, zeg je dat het niet doorgaat. Stel je voor: twee dagen vrij en even helemaal niks. De opluchting, de blijdschap, de dankbaarheid. En dat dan elk jaar. Iedereen gelukkig.

Het beste teamuitje ooit.

KIJK JIJ WEL GENOEG UIT HET RAAM?

Laatst kreeg ik een tweet of ik eens iets over 'kantooruitzichten' zou kunnen schrijven. Briljant idee. Want een uitzicht kan je dag op kantoor immers maken of breken. Net als het parfum van je buurvrouw, een haperende printer of het humeur van je baas.

Ik blijk niet de enige die dat vindt. Want toen ik vroeg hoe een uitzicht op kantoor eruit zou moeten zien, of juist niet, kreeg ik niet alleen een stortvloed aan foto's, maar ook een karrenvracht aan ontboezemingen.

Over de schoonheid van de Rotterdamse Maas, de Groningse Martinitoren, regenbogen, lammetjes en zonsondergangen. Maar ook over het diepe leed van blinde muren, het rauwe gemis van oude werkplekken en ontroerende anekdotes. Over de tranen toen iemand voor de eerste keer haar werkplek op de Haagse Korte Vijverberg zag. 'Het sneeuwde zachtjes,' schreef ze erbij. Mooi, man.

Er blijkt zelfs een apart werkwoord te bestaan voor 'kreatief uit het raam kijken op kantoor', namelijk 'kurken' – als in 'ik kurk, jij kurkt' en we zouden allemaal veel meer moeten kurken, want dat maakt de geest vrij, was de mening. 'Slimme bazen geven werknemers dus mooie uitzichten', was een van de conclusies, die ik graag overneem. Hier zijn de andere.

Kantoortijgers willen zicht op de natuur en dan vooral op bomen 'om de seizoenen aan af te lezen', schreef iemand melancholiek. Maar ook uitzicht op parende torenvalken en rollebollende everzwijnen wordt gewaardeerd, op kauwtjes, op duinen en op stromend water – het liefst met bootjes erop. 'Ik moet iets hebben om me te helpen herinneren aan dingen die voorbijgaan,' schreef iemand.

Toch moet er ook weer niet te véél natuur zijn in je kantooruitzicht. Zo is af en toe een slechtvalk bijvoorbeeld prima als uitzicht, maar 'een grote zilvermeeuw die je met gele kraaloogjes griezelig loopt aan te gluren' is dat juist weer niet.

Ook liever niet: naakte en of seksende mensen als kantooruitzicht. Bijvoorbeeld als er een hotel tegenover je werkplek zit, appartementen of nog erger: een studentenhuis. Dan word je bovendien ook nog eens geconfronteerd met je oude lethargische zelf, die vaak niet meer deed dan wat hangen, bier drinken en vozen, zo schreef iemand. Leidt te veel af.

Over het uitzicht op collega's wordt juist weer wisselend gedacht. Zoals die ene knappe gast die door zijn collega's '*the best view in town*' genoemd wordt, maar ook voor veel spanning zorgt.

Etende collega's vindt eigenlijk niemand fijn, vooral 'herkauwende'. 'Gewoon fijne collega's' daarentegen, 'en daar bedoel ik niks seksueels mee', schreef iemand, 'is al het uitzicht dat ik nodig heb'. Lief!

Een uitzicht moet levendig zijn, maar niet té. Een weg waar af en toe een melkwagen voorbijkachelt is dus te saai, maar een druk kruispunt vol bijna-ongelukken verstoort weer je concentratie.

Precies goed is het zicht op een krap bemeten parkeerterrein. Dan kun je je verkneukelen als er af en toe iemand een spiegel raakt én kun je in de gaten houden wie met wie naar huis gaat. Goed idee.

Het is sowieso fijn om uitzicht te hebben op mensen die het slechter hebben dan jij, was een andere conclusie. Zoals op de minister-president – 'als ik het druk heb, denk ik: het kan altijd erger'. Of uitzicht op de bajes, hoewel het dan wel weer slikken is als er jonge kinderen op bezoek komen. Uitzicht op een tandarts of een sportschool – dat spreekt voor zich – of uitzicht op een park met veel bruidsparen – dat je dat lekker zélf niet hoeft.

Maar een begraafplaats, of zo mogelijk nog erger, een dierencrematorium, is natuurlijk weer vreselijk. Bijvoorbeeld als er een grote hond wordt binnengebracht met een kind er met gebogen hoofd achteraan en dat je vlak daarna een rookwolkje ziet: 'En die lucht wordt bij ons binnengezogen,' zoals ooit in een 'Ikje' in *NRC* werd beschreven.

Ook afschuwelijk: nergens een raam of een raam dat niet open kan, een zonwering die de hele dag dicht moet blijven of een hoog raam waaronder je je Tantalus waant.

Maar het allerergste wordt toch wel 'de blinde muur' gevonden, uitzicht 'op een gang, met een blazer boven m'n hoofd', of dat je met je rug naar de deur zit en iedereen kan zien wat je op je scherm aan het doen bent. Het is dus niet alleen belangrijk wát je als uitzicht hebt, maar ook dat je af en toe *uit zicht* bent.

Of wat dachten jullie van uitzicht op promotie, bijvoorbeeld op een vaste baan, op het weekend of op je pensioen? Blijkt ook belangrijk. Uitzichtloos werk is sowieso uit den boze. Dan nog liever een blinde muur. Want je hebt niet alleen uitzicht nodig, maar ook *vooruitzicht*.

Als iedereen dat genoteerd heeft, ga ik nu weer even kurken.

DIT ZIJN DE ERGSTE JEUKWOORDEN IN DE COMMUNICATIE

Ooit moest ik in het hol van de leeuw een praatje houden over kantoorjargon, namelijk bij Logeion, de beroepsorganisatie voor communicatieprofessionals. Als er érgens veel jargon gebruikt wordt, is het wel onder communicatietypes, dus ik voelde me een beetje een kalkoen die komt spreken op een congres voor kalkoenslagers.

Maar ik leef nog. Want de directeur van de vereniging, André Manning, bleek een nuchtere Groninger (dat is dus geen cliché). Sterker nog, de vereniging had op grond van een steekproef onder al haar leden een lijst van de tien ergste 'jeukwoorden' uit het vak gemaakt.

De directeur van de club voor communicatieprofessionals die de draak steekt met jeukwoorden. Dat lijkt op een pastoor die vloekt in de kerk.

'Nee hoor. Juist als je elke dag met communicatie bezig bent, is het heel nuttig jezelf weer eens een spiegel voor te houden en je af te vragen of de woorden die je gebruikt nog voldoende kracht hebben. Veel van die woorden zijn holle termen geworden. Dat is jammer.'

Op 10 staat wat jullie betreft 'de buitenwereld naar binnen halen'.
'Ja, vreselijke uitdrukking. Hij komt, zoals heel veel taal die we gebruiken in de communicatie, uit de Angelsaksische managementliteratuur, in dit geval "outside-in thinking". Wat het betekent, is dat je de stakeholders van je bedrijf of instelling betrekt bij je werkzaamheden. Ik zou liever zeggen: "luisteren naar je doelgroep".'

Stakeholders. Je bedoelt 'belanghebbenden of betrokkenen'.
'Haha, ja.'

Op 9: 'stappen zetten'. Als je sommige kantoortijgers mag geloven lopen ze zich de hele dag de blaren op de voeten.
'Ja hè? Zeg gewoon "doorgaan".'

Met 'stappen zetten' proberen mensen dynamiek te suggereren. Net als met 'pitchen', 'tackelen', 'op de bal zitten'. Terwijl ze de hele dag op hun gat zitten.
'Klopt, maar "doorgaan" is toch ook dynamisch?'

Dat is waar. Op 8: 'transformatie, transitie en innovatie'.
'Dat zijn echt modewoorden geworden. Noem het gewoon "verandering". Wat voegen "transformatie, transitie en innovatie" nou helemaal toe?'

Dat klinkt interessanter?
'Ja, maar dat is het niet, hoor.'

Op 7: de '*customer journey*'.
'O ja, vreselijk. Zeg gewoon: "hoe beslist de klant?" of "hoe kunnen we de klant beïnvloeden?" Ik weet ook wel dat dat er niet lekker uitziet op een dia, maar dat is wat het is. Praat gewoon Nederlands.'

Ik hoor ook wel eens 'klantreis'.
'De klant maakt geen reis, hij koopt gewoon iets. Of niet.'

Op 6: 'iets tegen iemand aanhouden'.
'Dat is "bespreken".'

Op 5: 'stip op de horizon'.
'Dat is "iets wat je wilt bereiken".'

Op 4: 'co-creatie'.
'Ja, dat komt ook weer uit het Engels, *co-creation*. Is gewoon "samenwerken".'

Op 3: 'verbinden'.
'Ook "samenwerken".'

Is dat wel goed? Ik hoor het namelijk vaak mensen op LinkedIn zeggen, of politici en burgemeesters die willen 'verbinden met de burger'. Dan bedoelen ze toch

niet altijd samenwerken? Is 'proberen een relatie op te bouwen' niet beter?
'Ja, inderdaad.'

Dan op 2: een hele verzameling Engelse woorden die wat jullie betreft niet nodig zijn, zoals 'purpose', 'content' en 'input'.
'Als je in een internationaal bedrijf werkt, is het logisch dat je Engels praat, maar als je alleen Nederlandse collega's hebt, is dat echt niet nodig. Noem "content" gewoon "inhoud"; "purpose" "waar je als organisatie voor staat" en "input" "bijdrage".'

En dan op 1: 'agile'. Dat vind ik verrassend. Ik dacht dat 'agile' juist zo in de mode was in de communicatie.
'Ja, en misschien daarom zorgt het ook voor zoveel jeuk in het vak. Elke organisatie moet snel reageren op veranderingen. Het is nergens voor nodig om dat "agile" te noemen. We zijn erin doorgeslagen, ik hoor er bijvoorbeeld nooit kleine bedrijven over, die toch ook snel zullen moeten reageren op veranderingen. Noem het gewoon "slagvaardig" of "doelgericht". Dan weet iedereen precies wat je bedoelt.'

Ben je niet bang dat communicatieprofessionals boos worden als je al hun jeukwoorden affakkelt?
'Haha, nee. Het thema jeukwoorden leeft heel erg bij onze organisatie. Voor een aantal van die woorden zullen we toch echt nieuwe moeten bedenken. Of nog beter: oude, vertrouwde, tijdloze, woorden in ere herstellen.'

HOE OVERLEEF JE DE HITTE OP JE WERK?

Als het onder de 25 graden Celcius is als je dit leest, kun je dit hoofdstuk gerust overslaan. Maar als het warmer is zou ik even doorlezen. Ik heb deze tekst in ieder geval getypt in m'n onderbroek en met mijn voeten in een teil water. Dat doe ik wel vaker als het snikheet is buiten. Maar ik schrijf dan ook thuis.

Voor alle hardwerkende Nederlanders die gewoon naar hun werk moeten in de hitte is dat natuurlijk wat lastiger. Of nou ja, theoretisch kán het natuurlijk ook prima op kantoor, in je onderbroek met je voeten in een teil water, maar ik denk dat dat toch wat te veel afleidt.

Daarom leek het me goed eens op Twitter te peilen hoe mensen horrorhitte op hun werk overleven. Ik kreeg veel nuttige tips maar ook veel boze mensen die vonden dat kantoortijgers niet moeten 'janken en zeiken', omdat zij allemaal airco hebben. Of ik wel aan de dakdekkers, de glazenwassers, de lassers en de bakkers dacht, die dat niet hebben?! Ja lieve mensen, natuurlijk denk ik ook aan hen, sterker nog, deze tips zijn voor *iedereen* die het warm heeft op z'n werk, dus even rustig aan.

Dat zou trouwens mijn eerste tip zijn: rustig aan. Niet dat jullie nou zo productief zijn in de koelte, maar in de hitte hoeven jullie natuurlijk al helemaal niets te doen. Iedereen die überhaupt op kantoor verschijnt met dit soort temperaturen is al een held.

Datzelfde geldt overigens voor de kantoortijgers die wél airco hebben. Iedereen denkt dat dat de hemel is, maar geloof me: dat is het allerminst. Ik ken duizenden mensen, mezelf incluis, die stijfbevroren aan het einde van de dag uit hun kantoorstoel gebikt moeten worden. Om over de borstrokken, mutsen en wanten die we moeten meesjouwen naar kantoor in de hitte nog maar te zwijgen. Jullie dus ook veel sterkte!

Het tropenrooster. Kreeg ik veel reacties over. Dus: vroeger beginnen en eerder naar huis. Prima idee, maar de meeste mensen die mijn rubriek lezen, beginnen standaard al om zes uur 's ochtends om nog wat rustige uurtjes mee te pikken voordat de drukte toeslaat, dus dat is eigenlijk geen optie.

Het woord tropenrooster is überhaupt wat misleidend, schreef iemand, omdat ze rond de evenaar vaak tien tot twaalf uur per dag werken, zeven dagen in de week en niet de luxe hebben om te klagen.

Wat natuurlijk wél kan, zoals een van mijn lezers opperde: ga met z'n allen 's nachts werken en stel overdag alle kantoren met airco open voor de warme medemens. Maak er een soort buurtcentrum van waar kinderen en leerkrachten (denk eens aan hen in deze hitte!), ouden van dagen, bakkers, zwervers en toeristen kunnen worden opgevangen. Rij een paar foodtrucks de parkeerkelder in (ook een prima koele plek om te werken!), stort een paar kuub zand als strand en deze zomer kon wel eens de gezelligste ooit worden op je werk.

Dat kun je natuurlijk ook doen als je geen airco hebt op je werk: ga werken bij de gekoelde buren. Geheime tip: op woensdagen en vrijdagen zijn alle gemeentes, ministeries en provincies uitgestorven, ga daar lekker zitten. Het ergste dat je kan overkomen is dat je een paar rijbewijzen moet afgeven of een paar vergunningen moet beoordelen. Maar dan hebben die mensen ook eens mazzel.

Dan de slippers en korte broeken op het werk. Ik dacht dat ik daar duidelijk genoeg over was geweest, maar hierbij nog een keer: te korte kleding is niet toegestaan op kantoor – zowel voor mannen áls voor vrouwen. Laten we de mystiek en het decorum in godsnaam een beetje in ere houden op het werk.

Dat zou trouwens ook een prima tip zijn in de hitte: een pedicureservice op je werk met mintgels, lavendelpoeders, eeltschrapers en schone sokken, veel schone sokken. Heerlijk.

In diezelfde lijn zou ik ook graag deodorant nog eens extra onder de aandacht willen brengen. En dan geen spuitbus met parfumlucht, maar gewoon, een vrijwel reukloze roller, en dan rollen maar. Daar kun je echt levens mee redden (die van je collega's).

Ook onmisbaar, de natte tips: ik kreeg er veel met water en terecht natuurlijk, want je moet zorgen dat je genoeg drinkt, maar neem ook gerust plantenspuiten, waterpistolen en tuinslangen mee naar je werk.

Bevroren water is natuurlijk ook goed. IJsblokjes op je pols bijvoorbeeld, of koelelementen in je bodywarmer, maar ook de bevroren plastic waterfles scoort hoog. Als je die voor je ventilator zet, krijg je een lekker fris windje, maar je kunt die bevroren fles ook tussen je benen leggen of erop gaan zitten.

Tot slot nóg een woord van relativering. Ik noemde al de mensen in het onderwijs, de zorg en de bouw, maar denk ook eens aan de mensen in Sittard. Die hebben het pas warm tijdens hittegolven! Misschien kunnen we daar eens met z'n allen heen en hen een hart onder de riem steken. Hebben we meteen een leuk bedrijfsuitje.

Maar mijn belangrijkste tip met deze hitte blijft toch: stop met dingen tegen mensen aanhouden. Dat is natuurlijk bij normale temperaturen al niet toegestaan, maar met de warmte helemaal niet. Vraag in plaats daarvan gewoon wat je collega's ergens van vinden.

Geloof me, dan wordt het bijna leuk om in de warmte op kantoor te zitten.

MANNENTOILETTEN OP KANTOOR ZIJN VIEZER DAN VROUWENTOILETTEN...

Ik kan ermee tot het einde van dit hoofdstuk wachten, maar ik zeg het liever meteen: mannen zijn grotere viespeuken dan vrouwen. Je hoort wel eens mensen beweren dat vrouwentoiletten viezer zijn dan mannentoiletten, 'maar dat is een fabeltje', zegt Ronald Bruins als ik hem erover bel.

Bruins is hoofdredacteur van Service Management – 'het grootste platform voor professionele schoonmaak' – dat al sinds 1984 (!) het nationale toiletonderzoek uitvoert. Daar komt altijd weer uit dat mannen-wc's viezer zijn dan die van vrouwen en als dat een keer niet zo is, is dat de uitzondering die de regel bevestigt.

Dat is ook wel logisch, zegt Bruins. 'Er kan domweg meer misgaan op een mannentoilet.' Hij bedoelt: mannen spetteren meer omdat ze staand plassen. 'Soms mikken ze ook niet goed.'

Dat merk ik ook: dat mannen die zich ergens beter op weten te richten, vaak opgeruimdere types zijn.

Maar mannen zijn natuurlijk niet alleen viezer op toiletten. Het is ook mijn indruk dat mannen vaker neuspeuteren, minder vaak zichzelf en hun huis schoonmaken en minder goed afvegen en handen wassen op het toilet dan vrouwen.

Natuurlijk, vrouwendispuutshuizen zijn de vieste ter wereld, maar waar die vrouwen tien jaar later allemaal weer keurig de strepen uit de pot vegen, blijven mannen vaker de rest van hun leven in vieze gewoontes hangen.

Waarom toch? Zou al dat staand plassen euforisch maken, zo van: 'ik spetter de boel toch al onder, dus waarom niet de hele wereld?' Dat zal toch niet? Ik denk ook niet dat het komt doordat mannen niet kúnnen schoonmaken. Als ik ze hun auto zie wassen, springen me soms de tranen in de ogen, zoveel toewijding en precisie komt daarbij kijken.

Het is ook niet dat het hun aan *kennis* over hygiëne ontbreekt. Als je een man vraagt of hij even een doekje over het aanrecht wil halen, krijg je meestal een goed, sluitend verhaal of je wel weet hoeveel bacteriën er in zo'n lapje zitten.

Nee, ik denk dat de oorzaak veel ernstiger is, en dat is dat wij, de samenleving, de vieze man laten stikken. Ik denk aan de cosmetica-industrie die zich wél enorm hard maakt voor frisse geslachtsdelen voor vrouwen, met intieme doekjes, sprays, inlegkruisjes met bloemetjesgeur en vaginale capsules, maar nog steeds geen frisse eikeldoekjes in het schap heeft gebracht.

Ik denk ook aan de ontwerpers van openbare toiletten die nog steeds geen privékraantjes op mannentoiletten hebben ontwikkeld waar ze hun fluitje even ongezien onder kunnen afspoelen na het plassen. Ik denk ook aan al die mannen die hun persoonlijke hygiëne wél op orde hebben, maar tegen hun stinkende vrienden in de voetbalkantine niet durven beginnen over deodorant, scheermesjes en vochtig toiletpapier.

Maar ik denk natuurlijk vooral aan al die vrouwen die momenteel de vieze man in zijn sop gaar laten koken. 'Vrouwen zouden veel vaker tegen mannen moeten zeggen dat als ze stinken, ze geen seks krijgen,' zei mijn goede vriend A. laatst. 'Dat maakte op mij in ieder geval enorme indruk.'

Daarom zeg ik tegen al deze partijen in de samenleving: jongens, pak je verantwoordelijkheid en bevrijd de vieze man.

Omdat hij het waard is.

...MAAR HOE HOORT HET NU EIGENLIJK OP HET KANTOORTOILET?

En als we het dan tóch over het kantoortoilet hebben: hoe hoort het daar nu eigenlijk? Ik krijg daar altijd veel vragen over. En niet voor niets.

Want wat een stelletje viespeuken zijn jullie zeg! Zo bleek toen ik er op Twitter voorzichtig naar informeerde. Ja, júllie natuurlijk niet, beste lezers, maar al die andere mensen op het werk – er ging een beerput open. Ook daarom dus een 'hoe hoort het op het kantoortoilet'. Maar daarna wil ik jullie er ook écht nooit meer over horen. Is dat afgesproken?

Allereerst: ALTIJD HANDEN WASSEN! Er zijn dus hele volksstammen die dat niet doen, zo blijkt. Sterker nog, iemand schreef dat hij collega's kent die 'eerst een kwartier uit hun heup lopen brullen en vervolgens zonder handen te wassen weer gezellig een greep uit de bak met pepernoten doen' – waarom?! Bespaar me jullie geleuter dat een toetsenbord vele malen viezer is dan een kantoortoilet en was gewoon je handen, smeerlappen. En niet alleen vanwege corona.

Overigens is het andere uiterste ook weer niet de bedoeling. Zo kent een lezer een collega die niet alleen haar handen wast, maar ook altijd haar onderarmen, 'alsof ze een koe gekalfd heeft'. Maar dat lijkt me altijd nog beter dan collega's die de kraan helemaal mijden. Misschien moeten we anders een wasstraat maken op kantoor.

Poepen op het werk. Veel lezers hebben dat liever niet. Maar als het dan tóch moet, kies dan de middelste hokjes – die zijn het schoonst – zet de spoelknop alvast aan voordat je begint (om 'de plons te maskeren'), maak na afloop een extra 'courtesy flush' voor je collega's en blijf altijd wachten tot het toilet helemaal leeg is voordat je eraf komt, desnoods tot elf uur 's avonds.

Een andere tip: doe het altijd op een andere afdeling om de schade voor je naaste collega's te beperken, of, nog beter: doe het bij de Hema, bij een klant of op de kinderboerderij.

Maar de allerbeste poeptip blijft natuurlijk: rijd gewoon even naar huis als je moet. Kun je daar meteen je werk afmaken, de hond uitlaten en een boterham voor je kinderen smeren. Iedereen blij.

Overigens veeg je altijd even je strepen uit de pot. Ja, gewoon met de borstel, ja. Hoe ranzig ben je als je dat voor je collega's achterlaat? Doe ff normaal!

Het kantoortoilet is er ook niet voor telefoneren, roken, de geslachtsdaad, nagels knippen (flikker op), lunchboxen afwassen, vergaderen, kleding doorpassen en haren knippen (allemaal echt gebeurd).

Slapen op het toilet lijkt me prima. Iemand schreef dat

ze af en toe gesnurk vanachter een toiletdeur hoort, daar lijkt me weinig mis mee. Mits er uiteraard voldoende hokjes zijn.

Over hokjes gesproken: elke werkgever verplicht ik hierbij voor toiletten te zorgen met muren van helemaal boven tot helemaal beneden, zonder kieren en gaten. Echt hoor! Het is al gênant genoeg dat je überhaupt samen naar het toilet moet, laat staan dat je alles van je collega's kunt horen.

In dat kader praat je dus ook niet over wat je allemaal doet op het toilet. Nooit. Ik las over collega's die trots vertellen wat hun oogst was, die zeggen dat ze 'even gaan controleren of ze nog een jongetje zijn' voordat ze gaan of terugkomen met 'wat ik nou weer had' – nee, nee en nog eens nee. Maskeer ook een beetje dát je gaat, vinden mijn lezers. Loop er dus niet elke ochtend met twee koppen koffie, een boek en een krant naartoe. Ieuw.

Praten op het kantoortoilet beperk je sowieso tot een minimum en zeg zeker geen dingen als: 'zo, dat was interessant' als je eraf komt, of: 'als je snel bent, heb je nog een warme bril'. Een korte groet of hoofdknik volstaat. Praten doe je maar op je flexplek.

Ontkleden? Echt alleen met de deur dicht. Trek dus niet al op weg naar het toilet je gulp open en loop ook niet naar je werkplek terwijl je omzichtig aan je riem sjort. O, en ook belangrijk: doe altijd de deur op slot! Ik vond het verbazingwekkend te lezen dat er mensen zijn die hun baas in z'n blootje gezien hebben op het toilet.

Dan de echt netelige kwesties. Zoals de vraag of je het

wel of niet moet zeggen als een andere collega het toilet bevuilde waar jij vanaf komt (ja), of de vraag of je een 'negatief reisadvies' moet geven als je zelf iets groots verricht hebt en een collega jouw hokje in wil (ja). Of mannen moeten zitten of staan bij het plassen moeten jullie maar even onderling uitvechten, heren.

Tot slot: briefjes met gedragsregels in het toilet mag je altijd weghalen. Zeker die met: 'denk aan je collega's'. 'Ik wil helemaal niet aan mijn collega's denken als ik op de wc zit,' was een van de reacties. En zo is het. In plaats van al die briefjes kun je dit hoofdstuk uit het boek scheuren en ophangen.

Veel succes!

DIT ZIJN DE BESTE TIPS VOOR STILTE OP KANTOOR

De coronacrisis heeft kantoren een stuk rustiger gemaakt, maar ik merk hier en daar dat het op sommige werkplekken alweer behoorlijk druk begint te worden. Dat is ook meteen mijn grootste fascinatie met het kantoorleven: dat de kantoren waar we wekelijks naartoe gaan, daar eigenlijk veel te snel te druk voor zijn. Er is te veel lawaai, te veel gezelligheid en er zijn te veel vergaderingen. Als je écht iets af wil krijgen, is kantoor vaak de laatste plek waar je moet zijn.

Ik was dan ook blij verrast toen ik ooit een uitgeverij belde die daar iets op gevonden had, namelijk een stilte-uur, elke ochtend van tien tot elf. Wat een briljant idee. Een heel uur stilte waarin iedereen ongestoord kan werken! Doe mij er meteen vier per dag en neem er zelf ook een, was mijn eerste gedachte.

Het uur werd ingevoerd na een brainstorm over 'focus en concentratie', zegt Ellen van Dalsem, hoofd pr en marketing van de bewuste uitgeverij, als ze me erover terugbelt. En we hebben het nu al een paar jaar tot volle tevredenheid, zegt ze.

Hoe het werkt is simpel: het algemene nummer van de uitgeverij is (uiteraard) altijd bereikbaar, maar verder is het elke ochtend van tien tot elf uur stil. Natuurlijk is er soms bezoek dat alleen dán kan afspreken en moeten sommige werknemers er af en toe 'weer even aan herinnerd worden' hun mond te houden, zegt Van Dalsem. Maar vooral de redacteuren vinden het erg prettig en mensen die erover horen, willen het vaak ook meteen op hún werk invoeren.

Dat willen meer mensen, zo bleek toen ik erover postte op Twitter en LinkedIn. Een enkeling vond het 'flauwekul' en de chef van de Haagse redactie van een landelijke krant klaagde erover 'dat op sommige communicatieafdelingen het stilte-uur vaak al om twee uur 's middags begint en dan duurt tot de volgende ochtend', maar de overgrote meerderheid was enthousiast. Ik kreeg nog veel meer tips voor een stiller kantoor, zúlke goede dat ik ze meteen maar even voor jullie op een rijtje heb gezet.

Zo zijn er bedrijven die veel langere stilteblokken hebben afgesproken. Zoals een bedrijf waar 'twee stilteblokken van twee uur per dag' gelden, een bedrijf dat een 'silent Wednesday morning' heeft afgesproken (*who cares* dat het in het Engels is, zolang het maar stil is), een bedrijf waar stiltezones zijn ingevoerd 'waar het geluidsniveau bibliotheek is', en een team dat twee keer per week 'met het hele team in de concentratiebubbel zit'. Daarvan heb ik maar even aangenomen dat dat 'stil zijn' betekent en niet dat ze elkaar in plastic wikkelen, hoewel dat natuurlijk ook een prima idee zou zijn.

Er zaten ook valsspelers bij de reacties. Die constateerden dat als je 'dit soort kunstjes' nodig hebt om te kunnen werken, je beter de hele kantoortuin kunt afschaffen, maar zo werkt het natuurlijk niet. Of althans, zo werkt het natuurlijk wél, maar die tip heb ik al vaak genoeg gegeven.

Een veel haalbaarder idee vond ik de suggestie om iedereen zijn telefoon een paar uur in de vliegtuigstand te laten zetten – en dan massaal te vergeten om hem weer aan te zetten – of om een bordje op je bureau te plaatsen op tijden dat je niet gestoord wilt worden.

Iemand schreef dat hij daarvoor een rode respectievelijk groene knop gebruikt, een ander een rood-groen geverfde closetrol, maar het kan natuurlijk ook met een rode of groene pruik, en anders kun je er altijd nog een paar emmers verf tegenaan gooien.

Wat ik ook een briljant idee vond: de vijfminutenregel. Dat is de regel dat je alleen iets aan een collega mag vragen als je zelf minstens vijf minuten geprobeerd hebt om het antwoord te vinden. Ik kende hem zelf van de kleuterschool, maar daar lijkt de kantoortuin natuurlijk vaak ook op. Het leverde een kantoor op met 'geen cultuur meer van onmiddellijkheid', schreef iemand – wat een schitterende term.

Sowieso moet 'iedereen die daar niets te zoeken heeft nooit voor tien uur naar kantoor komen', schreef een ander. Dat scheelt al een hoop stilte in de ochtend en dat is toch de beste tijd om werk af te krijgen, want dan ben je nog fris, zo was de mening.

Je kunt er als bedrijf natuurlijk ook geld tegenaan smijten en investeren in geluiddemping, zo reageerde een ondernemer die dergelijke systemen verkoopt. Op zich een goed idee, maar eigenlijk symptoombestrijding.

Een veel beter idee vond ik het wat filosofischer concept van ondernemer, schrijver en spreker Jason Fried. Hij zegt in een TedTalk die een lezer me stuurde dat ongestoorde uren op het werk zo kostbaar zijn, kostbaarder dan de duurste computer en meer waard dan menig bonus of gouden handdruk, dat niet práten de norm zou moeten zijn op kantoor, maar de stilte. En dat iedereen die er het woord neemt, daarvoor écht een goede reden moet hebben.

Ik stel voor om dit landelijk te gaan regelen. Dan gaat elke dag om negen uur het luchtalarm en vervolgens houdt iedereen zijn mond, het liefst zes uur lang. Zullen we daar anders morgen mee beginnen?

VOOR INTROVERTE MENSEN ZIJN CONGRESSEN VAAK DE HEL

Jongens, ik zeg het maar meteen: ik vind congressen, seminars en 'netwerkevents' vaak een lijdensweg. De volle parkeerplaatsen, de muffe congrescentra, de 'plenaire opening' door de saaiste directeur ter wereld, de 'keynote speakers', de 'parallelle break-outsessies' met flipovers, comic sans-sheets, het 'levendige interview' met de sponsor, de 'ludieke wrap-up met de *take home message*', de statafels met zo'n strik erom (waarom; om te verhullen dat het een tafel is?!), de mensen op de borrel die uit hun straatje meuren alsof er vier dooie vogels in verstopt zitten, de goodiebags met de prullen – en na afloop weer doodmoe de trein of de file in – man, man, man.

De congressen waarop ik zélf spreek, zijn natuurlijk allemaal fantastisch, sprankelend en inspirerend, maar dat zijn helaas de uitzonderingen die de regel bevestigen.

Er zijn meer mensen die dat vinden, zo bleek tijdens de coronacrisis, toen alle congressen waren afgelast en als 'webinars' waren opgekrast naar het internet. Heerlijk rustig, vonden veel lezers. En: kan dit niet altijd zo blijven?

Want webinars zijn een stuk efficiënter omdat je ze kan wegklikken als je er genoeg van hebt. Maar je kan er ook veel gerichter vragen stellen, je krijgt er vaak betere antwoorden, je kan ze volgen 'in je ondergoed met een liter wijn' en ze schelen uren reistijd, zo schreven lezers mij.

Er waren zelfs mensen die aan videobijeenkomsten heel leuke contacten overgehouden hadden, 'dat kan dus ook prima online,' schreef iemand.

Maar wat heerlijk, schreven anderen, dat je ook niet meer hoeft mee te doen aan al die verplichte sociale interactie. 'Het tegen wil en dank belangrijk doen of het jou en je bedrijf goed gaat.' Netwerkevenementen zijn handig, zo schreef iemand, 'als je een idee wilt krijgen van hoe de hel eruitziet'.

Het nadeel van webinars was wel dat de sprekers niet aan de gapende mensen in de zaal konden zien dat ze iets levendiger moesten vertellen, maar verder: prima idee, stop voorgoed met al die congressen. 'Ik ga ook na de corona een stuk minder,' schreef een lezer enthousiast.

Maar ik schreef een paar alinea's terug natuurlijk niet voor niets dat het léék of mensen het met me eens waren. Want al snel begonnen de liefhebbers van congressen zich te roeren. En best veel ook!

Dat ze niet zonder congressen kunnen! 'De lezingen van iemand die heel veel weet over iets kleins, de sprekers die je leven een klein beetje veranderen.' 'Zo'n spreker van wie je nog nooit gehoord had over een onderwerp waar je niks vanaf wist en dat superinteressant blijkt te zijn.'

Soms waren het zelfs regelrechte liefdesverklaringen.

‘Ik kon echt bevlogen terugkomen van een congres door alle mooie verhalen, contacten en ontmoetingen,’ schreef iemand, ‘vaak ook met hernieuwde liefde voor mijn vak,’ een ander. Congressen voelen soms ‘als een vakantie, waarna je bepaalt wat je allemaal wel en niet wilt doen met je leven’.

En dan het netwerken! Onmisbaar, vonden veel lezers. ‘Het waren altijd mijn “hallo kijk hoe leuk ik ben, neem mij aan-evenementen”,’ schreef een liefhebber. ‘Nu moet ik ouderwets solliciteren en word ik weer afgewezen.’

Wat me opviel: dat de liefhebbers vaak niet eens de inhoud als wel de randzaken van congressen misten. De exotische locaties, de borrels, de bitterballen, de roddels, de reis ernaartoe, ‘de grap op de wc’, de ‘dutjes tijdens saaie lezingen’, ‘het schoolreisjesgevoel’, ‘dat je een dagje van kantoor weg bent’.

En het onverwachte! Dat werd ook vaak genoemd: de onverwachte ontmoetingen, dat je een oude schoolvriend tegenkomt, dat je met een leuke congresganger de stad in gaat.

En de affaires natuurlijk, is dat gek om te zeggen? Niemand zei het op Twitter, maar dat hoor ík dan weer, dat mensen er avontuurtjes beleven, met de trouwring in de borstzak.

Weet je wat ik ook weer eens dacht: hoe verschillend het leven is voor introverten en extraverten. Net zoals er tijdens de coronacrisis mensen waren die zich beter voelden dan ooit in een prikkelarm leven met veel rust en weinig afleiding, en de kroegtijgers en kantoortijgers verlepten omdat ze de contacten misten, zo is het met de congressen ook: de extraverten lijden zonder ze, en de introverten bloeien op.

Hoe het verder zal gaan met de congressen? Ik zou zeggen: laat ze lekker voor altijd online, sorry congrestijgers: laten we voorgoed overstappen op webinars – nu zijn de introverten eens een tijdje aan de beurt. Voor de liefhebbers van het congres zijn er genoeg alternatieven.

Want voor de affaires kun je ook prima zonder saaie sprekers met achthonderd man in een Van der Valk inchecken. En als het om dat onverwachte gaat, spreek dan met wat sprekers en statafels op de Huishoudbeurs af en gooi er een paar emmers water overheen, superonverwacht! En o ja, dat is nog wel even belangrijk: de congressen waar ik zélf spreek, kunnen natuurlijk wel gewoon blijven.

Ik hoop jullie daar snel weer te zien!

VROUWEN ZOUDEN MEER SALARIS MOETEN KRIJGEN DAN MANNEN

De arbeidsmarkt is een levensgevaarlijke plek voor vrouwen. Die indruk krijg ik tenminste als ik alle wetenschappelijke studies en emancipatierapporten lees die ons om de oren vliegen. Het SCP/CBS, het World Economic Forum, de universiteit van Maastricht: allemaal gebruiken ze akelige metaforen om het lot van werkende vrouwen mee te duiden. De beeldspraak doet me denken aan de pijnbank, de duimklemmen en de schandpaal die ik ooit in museum Elburg zag toen ik daar op een schoolreisje was.

Zo wordt vaak de 'loonkloof' genoemd, ook wel 'beloningskloof', waar je als vrouw zomaar in kan storten. Dat betekent dat vrouwen minder betaald krijgen dan mannen voor hetzelfde werk en dezelfde uren – gemiddeld 5 procent om precies te zijn.

De 'kleverige vloer' is een uitdrukking om te laten zien dat het voor vrouwen harder ploeteren is om omhoog te klimmen dan mannen. Of neem het 'glazen plafond', waar je als vrouw lelijk je hoofd aan kan stoten als je carrière wil maken – voor mannen is er een open dakkie.

Maar het gevaarlijkste is toch wel de 'deeltijdklem', die verdekt ligt opgesteld tussen de printers en onverbiddelijk je enkels versplintert zodra je als vrouw een voet op de werkvloer zet. Daarmee bedoelen ze dat vrouwen eigenlijk geen andere keuze hebben dan parttime te werken, als ze tenminste nog tijd willen overhouden voor hun demente vader, het kerstdiner, een kop muntthee én niet willen dat hun jonge kinderen op een belabberde kinderopvang terechtkomen. Want ja, mannen hebben daar geen tijd voor, omdat zij meestal wél voltijds werken.

Ik denk wel eens: eigenlijk zouden vrouwen een gevarentoeslag moeten krijgen voor al die ellendige omstandigheden op de arbeidsmarkt. Ze zouden niet mínder, maar méér betaald moeten krijgen dan mannen, omdat ze veel meer risico's lopen.

Dat ze die toeslag niet krijgen, komt volgens mij door het misleidende woord 'beloningskloof'. Dat klinkt mij te veel als een natuurverschijnsel dat al duizenden jaren bestaat en waar niemand wat aan kan doen.

Ik stel daarom voor om het geen 'beloningskloof' meer te noemen, maar 'beloningsschandaal', zoals we ook de buitensporige 'beloningen' van bankiers 'beloningsschandalen' noemen. Want beloningsschandalen, daar is de hele samenleving altijd heel verontwaardigd over. Misschien dat we dat ook eens kunnen worden over de achterstandspositie van vrouwen.

En als we dan toch bezig zijn, laten we werkgevers dan ook verplichten T-shirts te gaan dragen met daarop: 'Ja! Ik betaal vrouwen minder dan mannen.'

Verder lijkt het me nuttig al die deeltijdklemmen en glazen plafonds bloedrood te verven en waarschuwingsborden bij alle kleverige vloeren te zetten. Want als ergens gevaar of onrecht dreigt, vind ik dat vrouwen daar voor gewaarschuwd moeten worden. Kliffen, klemmen, kleverigheid en kloven, die moet je in de bek kunnen kijken.

En niet alleen verstoppen in stoffige rapporten.

DIT IS DE TOP 10 VAN JEUKWOORDEN IN DE 'RECRUITMENT'

Als je op zoek bent naar een baan benijd ik je niet, want vacatures zijn vreselijk – ze staan vaak ramvol met jargon. Mensen vragen me wel eens: wat vind jij nou de ergste jeukwoorden in vacatures? En dat vind ik nog best lastig. Want er zijn zoveel holle clichés om uit te kiezen.

Maar goed, stel dat het móést. Dan zou ik, denk ik, het volgende lijstje maken: 'in je DNA', 'dynamisch', 'snel schakelen', 'prestatiegericht', 'pro-actief', 'spin in het web', 'passie', 'uit je comfortzone', 'geen 9-tot-5-mentaliteit', 'professional' en – natuurlijk – 'agile'. Allemaal lege, nietszeggende termen die je beter weg kunt laten uit je vacatures.

Maar toen ik die top 10 ooit op een congres voor personeelwervers presenteerde – die mensen noemen zichzelf trouwens 'recruiters' – bleek dat daar heel anders over gedacht kan worden.

Toen raakte ik namelijk in gesprek met Nicol Tadema. Zij is eigenaar van tekstbureau Voor Tekst, geeft trainingen hoe je vacatureteksten beter kunt maken, schreef daar een boek over, *Werven met woorden*, én ze is bestuurslid van Recruiters United, het grootste onafhankelijke platform voor recruiters in Nederland – en ja, ze weet dat die naam behoorlijk jeukt. Ze had nogal wat op mijn top 10 aan te merken.

Je vond mijn top-10 niet goed?
'Nou, een aantal van jouw termen kwam wel overeen met mijn eigen clichélijstje, maar ik miste ook nog veel woorden die ik nóg veel vaker voorbij zie komen en waarvan ik ook vind dat ze écht niet meer kunnen in vacatures.'

Wat staat er bij jou dan op nummer 10?
'"Creatief". Dat vind ik zo'n niksig woord. Want wat is "creatief", dat is toch voor elke baan verschillend? Een kok moet heel anders creatief zijn dan een reclamemaker. Als je het woord als recruiter zonder enige uitleg gebruikt, wordt het een holle term. Datzelfde geldt voor mijn nummer 9, "gemotiveerd". Voegt ook niks toe. Want mensen die de moeite nemen om te reageren op een vacature zijn al gemotiveerd en mensen die dat niet zijn, laten zich echt niet afschrikken door het woord "gemotiveerd". Weglaten dus. Ik ben trouwens een groot voorstander van korte vacatures.'

Op nummer 8, heb je 'passie' staan. Die had ik ook!
'Jaaaaa, "passie". Vreselijk. Je moest eens weten wat ik allemaal voor passie zie langskomen in mijn werk. "Passie voor zeugen", echt, "passie voor hamburgers", "passie voor spuiten", maar de allerergste, weet je zeker dat je die wilt horen?'

Kom maar op.
'"Passie voor Parkinson-patiënten".'

Nee! Dat meen je niet.
'Ja, erg hè.'

Heb je ook een alternatief voor 'passie'? Ik vind 'interessant' of 'leuk' al beter.
'Neee!! Niet "leuk"! Dat woord zou bij mij op nummer 7 staan! Ik kom het overal tegen in vacatures: "leuke collega's", "leuke borrels", "leuke werksfeer", maar wat jij leuk vindt, hoeft een ander niet leuk te vinden. Omschrijf liever wát er zo leuk aan is, zodat de sollicitant zelf kan bepalen of dat zo is. Datzelfde heb ik met mijn nummer 6, "informeel". Dat lees ik ook vaak: "informele bedrijfscultuur", "informele werksfeer", maar wat bedoelen ze dan? Ga je dan elke middag tafeltennissen of kun je elke dag in pyjama komen? Het zegt sollicitanten niets.'

Op nummer 5 heb je 'marktconform'. Omdat het zo'n saai woord is?
'Ook, maar vooral omdat het totaal het verkeerde signaal afgeeft, namelijk dat het salaris niet zo bijzonder is. Op nummer 4 heb ik ook zo'n *crap*-uitdrukking: "affiniteit met". Ik heb functies voor online-mediaspecialisten gezien waarin een vereiste was dat ze "affiniteit hebben met online media". Ja, hallo, logisch.'

Jij bent nog radicaler dan ik!
'Haha, ja, maar ik lees ook meer vacatureteksten dan jij. Op nummer 3 heb ik trouwens ook een erge, namelijk: "...is een pre". Dat wil ik ook niet meer lezen in een vacature. Ten eerste omdat veel jonge mensen niet weten wat het betekent, maar ook omdat het gaat om iets wat niet erg belangrijk is voor de baan. Het is immers slechts "een pre". Laat het dan weg. Houd je bij de échte vereisten voor de baan. Wordt je vacature ook weer korter van.'

Dan nummer 2: 'de nieuwe uitdaging'.
'Ja, heel erg, hoewel ik er niet echt een alternatief voor heb. Het valt dus niet altijd te vermijden. Maar de zin "je bent klaar voor een nieuwe uitdaging" wil ik écht nooit meer in een vacature lezen.'

Maar de nummer 1 is nóg erger?
'Ja, wat mij betreft wel, en dat is "flexibel".'

O vreselijk! 'Agile'! Die staat bij mij ook op 1.
'Ja, "agile" is het nieuwe "flexibel". Enorm cliché, want waarin moet de sollicitant flexibel zijn? Moet hij op verschillende locaties werken, of op verschillende tijden, in verschillende vakgebieden? Zolang dat er niet bij staat, voegt het niets toe.'

Nou, dan zijn we rond.
'Nou, wat mij betreft nog lang niet, hoor. Want ik heb "zelfstandig" ook nog niet genoemd. En "hands-on-mentali-

teit", "allround", "no-nonsense", "dynamisch". Ik zou met gemak een top 100 kunnen maken.'

'Recruitment' is natuurlijk ook een jeukwoord. Dat is toch gewoon 'personeelswerving'? En 'human resources' is toch personeelszaken?

'Haha ja. We zijn allebei nog lang niet uitgeschreven, vrees ik.'

WORD JIJ OOK ZO MOE VAN AL DAT VIDEOVERGADEREN?...

Voor de mensen die de hele dag niks beters te doen hebben is het natuurlijk heerlijk: vergaderen. Van hen begrijp ik het dus heel goed dat ze er ook thuis mee doorgaan. Voor al die andere mensen die wél iets te doen hebben is het natuurlijk dikke ellende, al dat videobellen. Ik krijg er tenminste veel klachten over.

Want word je van 'normaal' vergaderen al doodmoe, bij videobellen gaat dat nog sneller, je wordt doodop van naar zo'n schermpje staren.

Natuurlijk, voor de fanatieke thuiswerkers is het heel fijn om af en toe de gezichten van je collega's even te zien, dat snap ik, maar daarvoor is één of twee keer per week echt wel genoeg – en zeker niet uren achter elkaar. De rest van het werkoverleg kan prima via de mail of de telefoon. Ik zou dus zeggen: stop lekker met dat videobellen. En als het dan per se moet, doe dan in ieder geval beter je best. Dat vonden mijn lezers ook toen ik ernaar informeerde op Twitter.

Hoe sommige collega's in beeld zitten bijvoorbeeld, pff... Dan zie je ineens twee harige neusgaten in close-up, of twee enorme borsten voor het scherm. 'En dan maar proberen om met een *straight face* je punt te maken,' schreef iemand. Kan iedereen daar een beetje op letten?

Of onderkinnen! Veel collega's kijken naar beneden in de camera, zo schreef iemand, waardoor het 'onderkinperspectief' optreedt. Zet je laptop liever op een stapel boeken, dan kijk je naar boven en is het probleem opgelost, was de tip. Ik geef het maar even door.

Ook met de achtergrond gaat nog veel mis, zo bleek uit de reacties. Dat je naar een keuken zit te kijken waar al vierenhalf jaar geen doekje overheen is gehaald bijvoorbeeld. Of naar een openstaande badkamerdeur waardoor je recht in de wasmand met vieze onderbroeken kijkt. Of je ziet huisgenoten in hun pyjama, of erger (!) langslopen. Zet gewoon de 'blur-knop' aan, vonden veel lezers, dan is je achtergrond wazig. Dat geeft rust.

Waarom zou je sowieso je huis laten zien als je zoveel foto's kunt kiezen als achtergrond, luidde een aantal reacties. Zoals de brug van Starship Enterprise uit *Star Trek*, het uitzicht vanuit een *corner office* in New York.

Wat ook kan, zo tipte een collega: een filmpje van een meeschrijvende Japke-d. op de achtergrond. Dat maakt veel mensen zenuwachtig en dan gaan ze op hun taal letten, legde hij uit. Zelf had hij meestal beelden van een brandend olieplatform als achtergrond, qua burning platform. 'Gewoon voor een beetje *sense of urgency* naar de videobeller toe,' zo gaf hij als toelichting.

Of neem anders een naaktfoto van Michiel Huisman – alsof hij zo uit je slaapkamer komt lopen. Als je je collega's dan toch wilt afleiden, dan liever zo.

En zeg nou niet dat je niet weet hoe je een andere achtergrond instelt! Daar werden veel lezers ook heel moe van. Dat er nog steeds mensen zijn die nog altijd zitten te hannesen met draadjes en snoertjes en 'hallo ik hoor je niet maar ik zie je wel' roepen, of erger nog, naar de wc gaan zonder het geluid uit te zetten. Die moeten voor straf bij iedereen een bos bloemen bezorgen.

Hoewel er ook lezers blij zijn met het technisch gestuntel van hun collega's omdat ze, terwijl ze wachten tot iedereen eindelijk klaarzit, nog even de vaatwasser kunnen uitruimen, een stofzuiger door het huis kunnen halen of een Indische rijsttafel kunnen bereiden.

En verder is een videovergadering natuurlijk net als een gewone vergadering, schreven lezers. Dat betekent dat hoe slechter je manager is, hoe vaker je een vergadering hebt; dat mensen die altijd te laat kwamen dat nu nog steeds doen; dat collega's die te lang aan het woord waren op kantoor dat nog steeds zijn; dat iedereen voor zijn beurt praat of onderonsjes heeft via WhatsApp; dat het boven de zes aanwezigen inefficiënt wordt; en dat je de mensen die het interessantst zijn, het minst hoort.

Zijn er dan helemaal geen voordelen van videovergaderen? O, zeker wel! Dat je 'met 76 collega's in een hilarische chaos voor een jarige kunt zingen', zoals een lezer schreef – probeer dat maar eens op kantoor te organiseren! Maar vooral dat je je scherm kunt uitzetten (of zeggen dat je wifi kapot is) en even lekker met je eigen werk door kunt.

Dat je dwars door irritante collega's heen kunt roepen

'je geluid doet het niet', dat je huisdieren kunt bekijken en schattige peuters in eenhoorn-onesies. Dat er pubers komen klagen of het wat zachter kan en dat je naar elkaar kunt zwaaien als afscheid.

Maar het mooiste aan videovergaderen is natuurlijk de muteknop. De knop waarmee je, terwijl je vriendelijk naar het scherm blijft lachen, ongezien al het geleuter uit kunt zetten terwijl je wegdroomt bij je eigen muziek of gedachten.

Die knop wil ik op kantoor ook.

...MAAR WAT TREK JE AAN TIJDENS EEN ZAKELIJKE VIDEOVERGADERING?

Vroeger was het best raar geweest, als iemand je had gevraagd: wat trek jij aan voor de webcam? Maar in de tijd van het thuiskantoor is het volstrekt normaal en heeft het écht niks te maken met strippen of oneerbare voorstellen.

Sterker nog, het is een vraag die me best vaak gesteld wordt: 'wat is de dresscode' als je thuis zit tijdens Zoom-vergaderingen, webinars en tijdens een presentatie voor een belangrijke klant? 'Mag ik dan gewoon in m'n T-shirtje omdat het vanuit huis is,' vroeg een lezer me ooit, 'of moet ik me nu in pak hijsen, wat ook raar zou zijn?' Daar vond iedereen wat anders van, zo bleek toen ik er op Twitter naar vroeg.

Er was bijvoorbeeld de collega die zich altijd het prettigst voelde in 'onderbroek, T-shirt met vlekken en veel soep in de baard', maar er was ook, aan het andere uiterste van het spectrum, een lezer die vond dat je altijd een 'Jules Deelder' moest doen: strak in het pak.

Een vriend van me had op het werk 'de calltrui' ingevoerd – gekleurde truien met een betekenis. De 'bolletjes calltrui' voor degene die de zwaarste gesprekken heeft, de 'groene calltrui' voor de snelste gesprekken, de 'witte calltrui' voor de jongste deelnemer en de 'gele calltrui' voor de beste videobeller.

Maar wát je ook doet: géén overhemden met korte mouwen, daar was de meerderheid het wel over eens. Als je met collega's zat te vergaderen maakte dat natuurlijk niet uit. Maar had je een zakelijker afspraak, dan was 'een net overhemd met lange mouwen' toch wel het minste. Wist ik niet, maar mannen in een overhemd met korte mouwen worden uitgelachen.

Sommige lezers vonden een jasje (ook) verplicht. Anderen vonden het juist weer raar, thuis een jasje, 'zeker als je zit'. Een lezer had daarvoor een slimme oplossing bedacht, vond ik. Volgens hem moest je jezelf de vraag stellen wat je zou aantrekken als je thuis bij een klant zou vergaderen. Dan ging je toch ook niet met soep in je baard. Of rokend! 'Ik had laatst mijn eerste roker tijdens een vergadering,' schreef iemand. Daar moest ik erg om lachen: dat kan écht niet, jongens!

Maar er is wel een verschil tussen sectoren. Zo is een jasje verplicht in de bankensector, vonden lezers, maar kun je in de media of in de reclame het prima wat losser aanpakken. Journalisten mogen sowieso altijd in spijkerbroek, schreef iemand, en voor IT'ers is een poloshirt prima – daar zijn die blote armen dus blijkbaar weer géén probleem.

Voor vrouwen werden amper dwingende regels genoemd. Of dat komt doordat vrouwen het meestal uit zichzelf wel goed doen of dat niemand het iets kan schelen wat ze aanhebben, daar ben ik nog niet over uit.

Maar het opvallendst vond ik toch wel dat vrijwel niemand de stropdas (meer) noemde! Toch zo'n beetje hét symbool van zakelijk Nederland, in ieder geval tot een paar maanden geleden. Ik vrees dat de coronacrisis de stropdas de nek heeft omgedraaid. Volkomen potsierlijk om die thuis nog om te knopen, was de mening, en daardoor zal hij ook minder vaak op het werk verschijnen.

Ik zou dat zelf heel jammer vinden. Ik hou van een goede das. Maar hee, ik ben ook iemand die een windjack over een colbert niet vindt kunnen, dus let maar niet op mij, en als ik een man – en wát voor man! – in een goed pak wil zien, kijk ik de Bond-film *Skyfall* nog wel een keer.

Tot slot. Het kan natuurlijk dat de lezer gelijk krijgt die hoopte dat door de coronacrisis oude tijden zullen herleven en kooplieden net als in de zeventiende en achttiende eeuw elkaar weer in uitbundige, luxe, zijden kamerjassen zullen gaan ontvangen.

Of de lezer die hoopte dat er door de crisis een vacuüm ontstaat waarin allerlei kleurige en nieuwe kantoorkledingstijlen zich ontwikkelen. 'Laat de innerlijke fashionista in je los,' schreef ze enthousiast. Maar ik denk niet dat dat gaat gebeuren.

Ik denk dat we ons uiteindelijk – door het vele thuiswerken – ook op kantoor een stuk minder formeel gaan kleden en dat het in het thuiskantoor bij een zakelijke afspraak de half-half-optie wordt, waarbij je van boven, in het zicht van de webcam, 'netjes' bent, en het daaronder lekker laat waaien. Is ook stiekem mijn eigen favoriet.

Dus van boven 'een goed overhemd, misschien een jasje, en geen das' en aan de onderkant 'uiteraard geen pantalon, gewoon omdat het kan', schreef een mij zeer dierbare lezer.

En dan maar hopen dat je toch even moet opstaan tijdens de vergadering. 'Omdat er ergens in huis iets omvalt, omdat de deurbel blijft gaan, omdat de katten elkaar afmaken of omdat je geliefde de sleutel vergeten is,' schreef een lezer. Zij vond het daarom *verplicht* om altijd een broek aan te trekken tijdens een videobijeenkomst, maar ik zou zeggen: nee joh, juist niet. Heerlijk om even een glimp van de imperfectie op te vangen. Ik vind dat hartverwarmend.

Omdat het laat zien dat we ons in allerlei bochten wringen om het elkaar naar de zin te maken en dat ons kantoorleven sowieso een masker is. En omdat we ermee laten zien wat écht belangrijk is: dat iedereen z'n uiterste best doet, maar dat we altijd mensen blijven.

DE MANNENGRIEP, BESTAAT DIE?

Zelf ben ik opgevoed met het idee dat je je niet mag aanstellen. En dat je je pas bij 43 graden koorts ziek mag melden, dat als je per ongeluk een vinger hebt afgehakt je altijd nog prima met negen vingers kan typen en dat als je moet kotsen je dat even in de prullenbak doet en hup weer doorgaat. Of is dat omdat ik een vrouw ben?

Wat mij namelijk vaak opvalt, is dat als *vrouwen* zich grieperig voelen, ze gewoon de kinderen naar school brengen, hun werk doen, wassen draaien en de hond uitlaten, maar dat als *mannen* zich grieperig voelen, ze in bed gaan liggen en doen alsof ze doodgaan. De Britten hebben daar de uitdrukking 'man flu' voor en wij hier in Nederland noemen het 'mannengriep'. De Dikke Van Dale heeft er ter verduidelijking 'aanstelleritis' bij gezet.

Tot nu toe hebben de woordenboeken gelijk: mannen stellen zich aan. De wetenschap heeft nog niet kunnen aantonen dat een mannengriepje erger is dan een vrouwengriepje.

Dat is wel geprobeerd. Zo stond er ooit een artikel in de

British Medical Journal waarin de Canadese geneeskundige Kyle Sue (inderdaad, een man) beweerde dat vooral luchtweginfecties bij mannen harder toeslaan dan bij vrouwen – iets met het mannelijke immuunsysteem. Maar dat artikel was een hoax, zo bleek na kritische analyse van Stichting Skepsis. Sue zelf noemde het na vragen van *de Volkskrant* 'een opinieartikel'. Weer zo'n man die zich aanstelde.

En dat terwijl uit écht wetenschappelijk onderzoek, namelijk het Groot Nationaal Pijnonderzoek onder ruim tienduizend respondenten van NTR, NWO en Radboudumc, blijkt dat juist vrouwen meer lijden dan mannen. 'Vrouwen blijken gevoeliger voor pijn dan mannen, daarin zijn mannen en vrouwen écht verschillend,' zeggen onderzoeker Esmeralda Blaney Davidson en anesthesioloog-pijnspecialist Monique Steegers van het Radboudumc/Amsterdam UMC als ik hen erover bel.

Wat daarbij opvallend is, is dat als je mannen beelden laat zien van mensen die pijnlijke ervaringen doormaken, ze daarna zelf niet meer of minder pijn voelen, maar dat dat voor vrouwen wél uitmaakt: zij voelen mínder pijn. Dat is handig als je man met de mannengriep in bed ligt.

Ik vind het fijn dat mannen zich aanstellen als ze ziek zijn. Dat zouden ze op nog veel meer gebieden moeten doen, in plaats van zich onnodig stoer en groot te houden. Wees blij dat mannen zich aanstellen als ze ziek zijn. Dan gaan ze misschien naar de huisarts en worden échte ziektes hopelijk tijdig ontdekt. Ik heb sowieso liever dat grieperige mensen thuisblijven. Blijf thuis, dat is sinds de coronacrisis ook bijna een wettelijk voorschrift geworden.

Ik zou er daarom voor willen pleiten dat vanaf vandaag iedereen, dus zowel mannen als vrouwen, bij het minste of geringste opkomende griepje lekker onder de wol gaat. Als je een beetje mazzel hebt, kun je met het hele gezin thuisblijven. Wat is er gezelliger? Wie zegt bovendien dat we altijd stoer moeten zijn?

Ook op dat vlak kunnen vrouwen nog een hoop van mannen leren.

ZO SCHRIJF JE EEN GOEDE NIEUWJAARSSPEECH

Lieve mensen, als jullie dit lezen vlak voor de kerst wil ik jullie alvast sterkte wensen de komende dagen. Voor wie het afgelopen weekend heeft zitten steengrillen met een doodvervelende schoonvader: ik hoop dat jullie er goed bij zijn blijven drinken.

Voor wie weer naar kantoor mag: vergeet je anti-jeukpoeder niet. Want als érgens het moment is dat de jeuk toeslaat in de kantoorjungle, dan is het wel rond het begin van het nieuwe jaar en vooral tijdens de nieuwjaarstoespraak van de baas. De clichés vliegen je dan om de oren.

De 'drempel van het nieuwe jaar' die altijd weer opduikt, de 'onzekere tijden die ons wachten', de 'ontwikkelingen die elkaar in razendsnel tempo opvolgen', de 'uitdagingen die vooral kansen zijn'. De 'inzet waarvoor we weer bedankt' worden, de voortzetting van de 'inspirerende samenwerking' waar naar wordt 'uitgekeken'.

Maar ook de 'ups and downs' die we hebben meegemaakt, hoe goed dit moment is om alle 'toppers in het zonnetje te zetten'.

Man man man. Mag het een keer wat frisser?

Zonder die drempel bijvoorbeeld, waar we met z'n allen op staan, elk jaar weer. Alsof je in de bijkeuken staat. Denk eens wat groter, wat *bolder* waar *no one dared to go before*, bazen van Nederland. Noem het een springplank, een lanceerplatform of desnoods een schietstoel waarmee we het nieuwe jaar in worden geslingerd.

Het mooiste is het als dat vervolgens ook écht gebeurt. Dan kom je al heel anders bij de mensen binnen.

Ik wil ook geen 'bewogen jaar' meer horen. Het is áltijd een bewogen jaar, dat mag ik althans hopen, zeg. Onbewogen jaren zijn er sinds het verdwijnen van de dinosaurus niet meer geweest op aard, met uitzondering misschien van 1954. Je mag alleen 'bewogen jaar' zeggen in je speech als je erbij gaat huilen.

Sowieso een goede tip voor bazen, om te gaan huilen tijdens het uitspreken van de nieuwjaarsspeech. Oscarwinnaars doen het ook altijd, het maakt indruk, je laat zien dat het je wat kan schelen en ze durven geen boe te roepen als er iemand op het toneel huilt.

Dan het 'vooruit- en terugkijken': mag dat ophouden? Terug: dat weten we helaas allemaal nog, en vooruit: weet jij veel wat er allemaal tussen de printers ligt te wachten: wees blij dát je het niet weet. Laten we in plaats daarvan eens opzij kijken, juist ja, naar elkaar! Dat is voor heel veel mensen inderdaad even schrikken, maar dáár komt de liefde vandaan het komend jaar. Bovendien kun je dan laten zien waar jij als baas de hele tijd op uit zit te kijken.

Wat ook weg kan: 'zonder jullie inzet was het niet gelukt'. Dat valt nog maar te bezien hè? Want het lukt al jaren prima zónder onze inzet. Ik had ooit een baas die dat zei tijdens een nieuwjaarsspeech: 'mét jullie inzet was het niet gelukt'. Daar moest ik toen heel hard om lachen. Helaas was het een verspreking.

Ik wil ook geen mensen meer genoemd hebben in zo'n speech. Allereerst omdat ik zelf nooit genoemd word, maar ook omdat het niet nodig is. Als je een goede baas bent, heb je allang tegen de toppers gezegd dat ze toppers zijn.

'Kansen en uitdagingen' tot slot mogen ook met de vuilnisman mee. Die ga je maar bij Ikea zoeken, in de Ardennen of tijdens de spits in de trein.

Wat wél altijd moet tijdens de nieuwjaarsspeech: de mensen van sales bedanken, als collectief. Die jongens en meisjes verkopen het levenswerk dat je in elkaar prutst, daar mag best even een minuut voor genomen worden. Neem vervolgens een kwartier voor de afdeling ICT. Zonder hen zou de tent sowieso dicht kunnen. Mét hen ook, maar daar gaat het nu even niet om.

Dan nog wat korte tips voor de speechers: neem vlak vooraf een flinke borrel, stop ruim voordat je oksels gaan doorlekken, schep niet op hoe goed het gaat terwijl iedereen net een lousy kerstpakket heeft gehad en zorg dat je er niet gaat staan met een poepbruin hoofd van je laatste vakantie op de Antillen. Zorg verder dat je verstaanbaar bent en vermijd de uitdrukking 'stippen aan de horizon': die maken je publiek onrustig omdat ze dan over je hoofd gaan turen. Zet, tot slot, een champagnefontein neer en een karaokemachine en zing 'Amazing Grace' – denk Obama.

Maar het allerbeste advies is natuurlijk: doe gewoon eens géén nieuwjaarsspeech. Al dat gezeur over 'ik hou het kort', dóé dat dan ook; gaan we anders dood of zo? Vraag liever de knappe stagiair een ijzersterke set te draaien met disconummers en kattenfilmpjes. En als je dan tóch zo nodig moet speechen: bied dan je ontslag aan. Heb je geluk, dan vragen ze of je wilt blijven, doen ze niks, dan kon je toch al beter iets anders zoeken.

Gelukkig nieuwjaar.

HIER NOG EVEN ALLE CLICHÉS OP EEN RIJTJE

Het was een turbulent jaar, het was een bewogen jaar, het zijn onzekere tijden. Lieve bazen, ik kan zo al vijf jaren opnoemen die een stuk turbulenter, bewogener en onzekerder waren dan het afgelopen jaar. Namelijk 1348, 1789, 1929, 1939 en 2009, het jaar dat Andries Knevel de evolutietheorie omarmde. Dus als je het afgelopen jaar al een hele toestand vond, dan nemen mensen je echt niet meer serieus. Bovendien: als het allemaal zo turbulent was, waarom kregen we dan geen gevarentoeslag?

De ontwikkelingen volgen elkaar in razendsnel tempo op, verandering is de enige constante. Ja, klopt. Is ook al sinds de oerknal zo. En nee, het gaat echt niet sneller dan vroeger. Vraag maar aan de Azteken.

Er is licht aan het einde van de tunnel. Maar het kan natuurlijk ook een tegemoetkomende trein zijn.

Dit jaar gaat de boeken in als een ... jaar. Weet je wat nou mooi zou zijn? Als we die boeken er eens bij pakken en samen de foto's bekijken van toen iedereen nog haar had en twintig kilo lichter was.

Op de drempel van het nieuwe jaar. Ik dacht dat vorig jaar juist 'alle drempels weg moesten om onze ambities waar te maken'. Dus wat wil je nou?

Ik wil jullie eens in het zonnetje zetten. Dat is een beetje het probleem hè, dat we ergens in een grijze polder bij een gehuurde chocoladefontein op een kantorenpark staan, waar geen zonnetje te bekennen is. Als je zegt dat je mensen in het zonnetje gaat zetten, doe dat dan ook. Dus hup met de hele zaak naar Curaçao. En stop dat zonnetje anders lekker waar hij niet schijnt.

Zonder jullie inzet was het niet gelukt. Maar mét onze inzet ook niet echt, toch?

Alle uitdagingen zijn kansen. Maar het kunnen ook uitdagingen zijn waar niemand iets mee kan. Of mislukkingen die enorme successen worden. Het kan eigenlijk alle kanten op.

Wij kunnen het allemaal wel bedenken, maar jullie moeten het doen. Klopt, wrijf het er nog maar eens in.

Het belooft een spannend jaar te worden. Zou kunnen, maar voor hetzelfde geld wordt het weer net zo'n ongeïnspireerde toestand als vorig jaar.

Ik ben trots op de mooie, diverse club mensen die voor me staat. Ja, dat is waar. We zijn een mooi zootje ongeregeld en hoe we het elk jaar weer redden met z'n allen is een raadsel.

Ons grootste kapitaal is ons menselijke kapitaal. Hadden we maar wat meer kapitaal. Dan zat er misschien een loonsverhoging in.

We gaan verder op de ingeslagen weg. Hé, wacht eens. Waren het nou turbulente tijden of kunnen we lekker doorhobbelen zoals we altijd al deden?

We kijken vooruit met hoop en ambitie, maar vooral ook met vertrouwen, in onszelf en in elkaar. Jaaa, hoor! Maar ook af en toe met wanhoop, afgrijzen en lethargie. We lijken net mensen.

We hebben laten zien dat we samen een onverslaanbaar team zijn. O lieve mensen, zeg dat nou toch niet hardop. Helmond Sport zou ons geblinddoekt nog zoek spelen.

We bouwen graag met jullie verder. Als we gaan bouwen wil ik ook een graafmachine, een betonmolen en een paar flinke steigers in de kantine.

We zullen er een tandje bij moeten zetten, want de concurrentie zit niet stil. Komende maandag meteen maar even langs de kaakchirurg. Of de fietsenmaker.

Ik denk dat we hebben laten zien waar we voor staan dit jaar. Nou, zeg dat wel. Daar staan we dan. Voor een statafel.

En dan mijn absolute favoriet: **Vorig jaar stonden we aan de rand van de afgrond, maar sindsdien hebben we een grote stap voorwaarts gezet.** Beter kan ik het niet verwoorden.

Proost!

EEN MOEDER ALS PREMIER? DAT KAN ÉCHT NIET...

Toen ik een tijdje geleden voor mijn man de krant aan het strijken was – hij leest hem het liefst zonder kreukels, de schat – zag ik het bericht dat België voor het eerst een vrouw als premier heeft benoemd. Ik schrok me rot.

Want een vrouw als premier is al gekkenwerk – wie moet er dan voor het eten zorgen als er een debat is om vijf uur 's middags – maar dan ook nog een móéder! Mijn hart brak ervan, de arme bloedjes.

We leven sowieso in een gekke wereld hoor, als je ziet wat voor belangrijke dingen ze vrouwen tegenwoordig laten doen. Zo vertelde mijn vader dat er al vrouwen waren geweest die *zonder begeleiding van een man* een ruimtewandeling hadden gemaakt. Laat staan dat je een lánd aan een vrouw overlaat.

Sinds Nieuw-Zeeland dat doet, kan het niet meer rugbyen, zei mijn zwager laatst, en kijk eens wat een puinhoop Theresa May in Engeland heeft veroorzaakt met die hele Brexit. Gelukkig is daar nu weer een man de baas en komt alles weer goed, maar toch.

Later, toen ik op de laptop van mijn zoon een breipatroon aan het zoeken was, kwam ik een artikel tegen bij *Vrouw* van *De Telegraaf* – wat ontzettend leuk trouwens, een site voor vrouwen-ditjes-en-datjes! – dat al mijn zorgen haarfijn aanvoelde. Daar werd namelijk de vraag gesteld of 'een moeder wel een premier kan zijn'. 'Saillant detail', stond erbij, 'ze is moeder van vier kinderen.'

Meid, dacht ik, je haalt me de woorden uit de mond. Een vrouw hoort dag en nacht voor haar man en kinderen klaar te staan, dat is haar leven en daar moet ze dankbaar voor zijn, zegt mijn moeder altijd. Ik kan het niet beter zeggen.

Op Twitter was ook iedereen het daarmee eens, zo zag ik toen ik koper aan het poetsen was. 'Een moeder als premier,' schreef iemand, 'willen ze soms ook dat vrouwen auto gaan rijden en stemrecht hebben?! Sommige tradities moeten ze echt van afblijven.' 'Een moeder? Nee, liever een wereldvreemde vrijgezel met weinig empathie,' antwoordde een ander. 'Laten we het allemaal niet te snel ineens willen, en voor de zekerheid nog 'n jaartje of driehonderd moeilijk doen en ons in de tussentijd verlaten op ouwe kale witte mannen in blauwe synthetische pakken,' reageerde een derde. Zo heerlijk om te lezen.

En toch bleef ik me maar zorgen maken over België, over de stumperds van kinderen van de 'premier' en over de vader, die nu vast reddeloos met de handen in het haar zat. Zelfs zózeer dat ik dacht: misschien kan ik de Belgische premier wat tips geven. Wellicht ook meteen handig voor alle potentiële vrouwelijke Néderlandse premiers, god verhoede, dus hier komen ze.

Allereerst: stel je zo bescheiden mogelijk op, meisje, en laat belangrijke beslissingen over aan mannen. Ik begreep al dat je amper belangrijke beslissingen mág nemen, maar toch.

Tip twee: blijf glimlachen – mensen houden niet van chagrijnige vrouwen – houd je mening voor je, wacht tot je het woord krijgt, liever geen humor en houd je antwoorden kort en zakelijk. Vrouwen laten emoties snel de overhand krijgen.

Tip drie: blijf het huishouden zo veel mogelijk zélf doen. Je gezin is gebaat bij regelmaat, maar je kunt ook niet van je man verwachten dat hij het gaat doen. Neem dus je was mee naar het parlement – de was opvouwen kan echt overal, ook tijdens een vragenuurtje – en strijken kan prima op de hoedenplank van de dienstauto.

Installeer meteen een wasmachine op je nieuwe werkplek, dan kun je de vuile was ook meenemen. Doe anders ook gelijk een kookeiland en een vaatwasser. En met de handige verspakketten van Albert Heijn kun je tijdens de ministerraad alvast wat groente voorsnijden.

Over de ministerraad gesproken: zet de vrouwen daar ook aan het werk, hoor! De een doet de aardappels, de ander de champignons, een derde het vlees. Natuurlijk zijn vrouwen in een regering een zwaktebod, maar als ze er toch al zijn, kun je er maar beter van profiteren. Bereid je werk voor in de twintig minuten dat de groente moet koken – spruitjeslucht is sowieso heel gezond.

Tip vier: plan dienstreizen zo veel mogelijk in de vakantieperiodes zodat de kinderen mee kunnen. Maar misschien kun je je kinderen beter op Marktplaats zetten, zoals op Twitter werd geopperd, of doe ze naar kostschool. Ze zijn toch al opgegeven.

Maar mijn allerbeste tip zou zijn om vrouwen te verbieden überhaupt nog buitenshuis te werken. Bijvoorbeeld met een maatregel dat ze, zodra ze trouwen, hun baan verliezen. Dat is een mooi signaal naar al die vrouwen die denken wel even premier, rechter of journalist te kunnen worden én voor al die mannen die dat soort waanzin goedkeuren. Aan de andere kant: waar bemoei ik me als vrouw eigenlijk mee?

En ik moet nog de aardappels schillen.

...EN DUS HEEFT NEDERLAND NOG STEEDS GEEN VROUWELIJKE PREMIER

Het is dat ik er te weinig tijd voor heb, maar anders werd ik het gewoon zelf: minister-president van dit land. Want even alle gekheid op een stokje: het is natuurlijk volkomen belachelijk dat Nederland sinds de invoering van het vrouwenkiesrecht, zo'n honderd jaar geleden, in al die 39 kabinetten nog nooit een vrouwelijke premier heeft gehad.

En dat terwijl Nederland zo'n makkelijk landje is om te besturen – hoe moeilijk kan het zijn. Beetje strand, beetje water, wat asfalt en varkens – een premier is een soort huisman. Je vergadert wat, doet boodschappen, sust ruzies, gaat af en toe met de Thalys naar Brussel en Berlijn (en op de fiets naar Paleis Noordeinde) en je kunt gewoon je boterhammen in het Torentje opeten – het ideale baantje voor een vrouw, zouden seksisten zeggen. Maar nee. Alleen mannen deden het, tot nu toe.

Hoe dat komt? Omdat heel veel Nederlanders denken dat alleen mannen de baas kunnen zijn, schrijft historicus en NRC-collega Paul van der Steen in zijn boek *De ongehoorde helft*, dat onlangs uitkwam. Het gaat over alle ‘eerste vrouwen’ in de politiek, dus de eerste vrouwelijke burgemeester, de eerste vrouwelijke minister, het eerste vrouwelijke Kamerlid enzovoort. Ik wist het al wel, maar schrok er toch weer van toen ik las hoeveel diepgewortelde vooroordelen en seksisme ze te verstouwen kregen.

Dat vrouwen te hysterisch zijn voor de politiek, dat ze de geest hebben van een kind en überhaupt niet goed kunnen nadenken. Dat als je ze kiesrecht geeft je dat net zo goed aan ezels, koeien en geiten kan geven – allemaal gangbare denkbeelden sinds Pericles, Darwin, De Savornin Lohman en al die andere mannen naar wie we straten vernoemd hebben.

Het lijkt allemaal al lang geleden dat we zo dachten, maar die opvattingen zitten nog steeds diep in ons allen, zegt Van der Steen als ik hem erover bel. Vrouwen durven ook daardoor vaak niet zelf het leiderschap te pakken áls het hun al wordt aangeboden – zelfs een ‘progressieve’ partij als de PvdA had nog nooit een vrouw als lijsttrekker.

Maar veel mannen willen ook gewoon niet opschuiven voor vrouwen, denkt Van der Steen. ‘Het old boys network is in de politiek nog steeds intact,’ zegt hij, zeker voor ‘zware’ departementen als Buitenlandse Zaken en Financiën. ‘Halbe Zijlstra en Stef Blok waren nooit minister geworden als ze vrouw geweest waren. Ik heb me er tijdens het schrijven vaak over verbaasd hoe moeizaam het allemaal nog is voor vrouwen.’

Weet je wat ik denk? Ik denk dat we gewoon eens moeten doorpakken met die vrouwelijke premier. Even de pleister eraf en hup, daar is ze. Dan hebben we het maar gehad. Hoe langer we ermee wachten, hoe meer het gaat rotten en zweren.

Laten we sowieso eens stoppen het zo op te blazen, 'de eerste vrouwelijke premier'. Alsof een eerste keer altijd zo bijzonder moet zijn. Het is toch meestal even de kiezen op elkaar en ondergaan. Voor Volk en Vaderland.

Denk ook aan Jan Peter Balkenende. Geen kwaad woord over de goede man, maar die was toch ook premier? En Mark Rutte? Alsof die zo'n doorslaand succes was toen hij in 2006 begon. Hij had nota bene net de verkiezingen op voorkeurstemmen verloren van Rita Verdonk – een vrouw!

Sterker nog. Misschien is het zelfs beter als de eerste vrouwelijke premier mislukt. En dat de volgende er ook niet veel van bakt. Dan wennen we er een beetje aan dat vrouwen ook mensen zijn. Net als mannen.

En dat het land gewoon doordraait, *wie* er ook premier is.

DURF TE FALEN? WAT EEN ONZIN

Als ik íéts onzin vind uit de managementgoeroehoek, dan is het wel het 'durf te falen'-gedachtegoed. Met van die coaches die je op websites aansporen om fouten te maken ('*fail harder!*'). Die zeggen dat als je fouten maakt, je laat zien dat je ambitie hebt, en dat wie nooit faalt nooit succesvol zal worden. Ik denk dan altijd: je kunt beter géén fouten maken.

Toch?

Daar denkt Remko van der Drift heel anders over. Hij trekt met zijn Instituut voor Faalkunde het land door, organiseert faalworkshops en -lezingen, waar mensen onder luid applaus voor hun fouten uitkomen, en heeft een boek geschreven waarvan de titel luidt *Fouten maken moed* en de ondertitel 'Durf het allerbeste uit jezelf te falen'. Alsof falen een prestatie is. Ik belde hem.

Durf te falen. Wat een onzin.
'Wat vind je er onzin aan?'

Je suggereert dat het stoer en goed is om fouten te maken.
'Dat bedoel ik er niet mee. Wat ik ermee bedoel, is dat mensen vaak gebukt gaan onder de druk van succes. In de huidige prestatiemaatschappij mág je niet falen. Kijk naar Facebook, waar alle successen gevierd worden – succesvolle vakanties, succesvolle banen, succesvolle mensen.'

Heb je iets tegen succes?
'Nee, natuurlijk niet. Ik hou ervan dat mijn boeken gelezen worden en dat mijn workshops populair zijn. Maar ik wil iets naast al dat verplichte succes zetten, de andere kant mag er ook zijn. De balans is nu zoek.'

Het is echt niet leuk om fouten te maken.
'Nee, nogal wiedes. Maar fouten maak je toch. Dan kun je er beter ontspannen mee omgaan als iets mislukt in plaats van elkaar af te branden als iemand een fout maakt.'

Je moet bewust fouten maken? Mijn baas en mijn collega's zien me aankomen.
'Ik zeg niet dat je *moet* falen of er onverschillig tegenover moet staan. ik zeg alleen dat je er niet bang voor hoeft te zijn.'

Op je site staat 'fouten maken moed'. Dat kun je toch ook lezen als 'fouten maken moet'. Met een t.
'Nou, sterker nog, mijn eerste boek heette *Fouten maken moet*. Met een t. Toen gebruikte ik ook nog de term "faal-

plezier" op mijn site. Maar daar ben ik van teruggekomen. Ik kwam erachter dat ik eigenlijk een verkeerd boek had geschreven, en dat het niet verplicht is om fouten te maken. Daarom heet mijn tweede boek *Fouten maken moed.* Met een d. En ik noem het nu ook geen faalplezier meer, maar faalkunde.'

De teneur dat je fouten móét maken, heeft jouw site nog steeds. Er staat bijvoorbeeld 'gefeliciteerd, je hebt gefaald'.
'Ik denk dat als mensen dat lezen, ze de knipoog wel zien.'

Ah, het is een grapje.
'Nou, deels. Door het zo te benaderen heeft mijn aanpak veel aandacht gekregen. Wat ik wil laten zien is dat je niet bang hoeft te zijn om nieuwe dingen te proberen en dat áls je gefaald hebt, je daar milder tegenover jezelf en anderen over kunt zijn.'

Ik denk dat dokters die fouten maken waardoor patiënten overlijden, of piloten met hun passagiers daar toch anders tegenaan kijken.
'Juist bij levensbedreigende fouten is het belangrijk dat er een open, ontspannen cultuur bestaat om fouten toe te geven, zodat ook anderen ervan kunnen leren. Wat dat betreft heb ik veel geleerd van de Britse journalist Matthew Syed, die onderzoek heeft gedaan naar een positieve attitude tegenover het maken van fouten. Hij schreef bijvoorbeeld over de Tenerife-ramp, de grootste vliegramp uit de

geschiedenis. Die had wellicht voorkomen kunnen worden als de co-piloot tegen de piloot had durven zeggen dat het niet verantwoord was om op te stijgen. Sindsdien is er juist in die sector veel meer aandacht voor het elkaar opener confronteren met fouten.'

Sommige mensen maken fouten omdat ze slecht zijn in hun werk.
'Ik gebruik de term "slecht" niet. Dat ontmoedigt enorm.'

Hoeveel fouten mag je maken voordat het écht niet meer kan?
'Jij wilt een limiet horen, maar ik wil juist van die voorwaarden af die er aan fouten maken gesteld worden, want daar verkrampen mensen van. En mensen die verkrampen, maken de meeste fouten. De paradox is: hoe ontspannener mensen zijn over het maken van fouten, hoe minder fouten ze maken.'

Kun je niet veel beter zeggen: probeer fouten te vermijden. En als je daar alles aan hebt gedaan en tóch faalt, dan kun je ervan leren. Of is het dan te genuanceerd geworden?
'Haha, ja! Wel een beetje. Want als ik niet provoceer, dan komt de boodschap niet aan. En dan had ik bijvoorbeeld ook nooit dit leuke gesprek met jou gehad. Zo hoop ik meer mensen te kunnen blijven prikkelen en inspireren.'

ZO WORD JE NIET GEK VAN JE MAILBOX

Ik weet ook heus wel dat ik raar ben, maar ik hou van mailen, met heel mijn hart. Als ik met mijn collega's mail, met mijn vrienden of met m'n vader van 82, dan kan het over werk gaan. Maar ook over een mandarijn die per ongeluk in een kop koffie belandde, of dat als je op zoek gaat naar een goudschat, het 'goud' dat je vindt er vaak heel anders uitziet dan je dacht, of dat als je een kater hebt een beslagkom veel handiger is om in te kotsen dan een emmer – alsof we elkaar nog brieven schrijven met kroontjespen en lakzegels erop.

Voor alle ándere kantoortijgers geldt dat helaas niet, en is de mailbox een dagelijkse bron van horror en ellende. Daar kwam ik laatst op Twitter achter toen ik ineens spontaan allemaal tips kreeg hoe je ervoor zorgt dat je niet gek wordt van je mail. Dus ook daarom: hoe hou je je mailbox, en daarmee jezelf, gezond?

Stop allereerst met cc'en! Dat is de grootste ergernis. Van die collega's die zich ermee proberen in te dekken ('ik had je ge-cc'd, hoor, dus je wist dat ik er tussen kerst en oud en nieuw niet ben'), of er indruk mee willen maken op de baas, zo van: 'kijk eens wat ik allemaal mail'. Rot op.

Ik trof in de reacties ook mensen die hun mailbox zó hebben ingesteld dat cc'tjes automatisch in de prullenbak belanden. Op zich een goed idee, maar daarmee maak je het probleem niet zichtbaar. Stel liever de mail zo in dat iedereen die cc't automatisch een emmer rode verf over zich heen krijgt, tenzij het naar een groep is die samen de Staatsloterij gewonnen heeft.

Over mail instellen gesproken: daar kwamen ook veel tips over. Mensen die aparte mappen, verschillende kleurtjes, vlaggetjes of verschillende groepen aanmaken voor nieuwsbrieven, agendaverzoeken of mails van hun baas (ongelezen weggooien): echt superknap, maar dat kan ik allemaal niet, hoor. Ik zou het ook jammer vinden als ik mails niet meer zélf kan weggooien – ik vind dat juist heerlijk. Dan lijkt het of ik veel werk verzet heb.

Veel beter vond ik de suggestie om je mail maar één keer per dag te openen. Er is zelfs een bedrijf dat de server zo programmeert en daar een prijs voor gewonnen heeft omdat het het personeel rust geeft. Een beetje zoals ook de post maar één keer per dag komt, zei iemand – prachtig.

Ik kwam ook een bedrijf tegen dat de '*policy*' had dat je alleen verzoeken mocht mailen waarop met ja of nee geantwoord kon worden. In mijn bedrijf zou het niet werken met al die wijsneuzen die zouden vragen waarom het dan ja of nee is, maar wellicht heb jij een bedrijf met volgzame zielen en werkt het daar wel.

Er was ook een bedrijf dat een tijdje de regel had gehad dat je pas na een week op mails hoefde te reageren 'want dan waren de meeste problemen toch al opgelost' – briljant. Uiteindelijk hadden ze die regel weer moeten terugdraaien toen zich te veel woeste klanten en advocaten meldden, en nu waren ze 'gewoon weer overspannen', maar daar gaat het nu even niet om.

Dan de categorie drastische oplossingen. De mail afschaffen bijvoorbeeld en overstappen op postduiven, of al je mails ongelezen weggooien of helemaal nooit openen. Ik heb ook van die übercoole collega's die meer dan tienduizend ongelezen mails in hun box hebben staan – ze leven nog steeds, sterker nog: ze leven er waarschijnlijk langer door, 'en als het écht belangrijk is, hoor je het vanzelf', zei een van hen.

Reageer sowieso nooit meteen op mail, dan laat je zien dat je een sukkel bent die niks beters te doen heeft. Ik wacht zelf altijd standaard een week met een reactie op zakelijke voorstellen – wordt je tarief alleen maar hoger van.

Er waren ook mensen die 'liever niet mailden', maar in plaats daarvan 'even de telefoon pakten', of erger: 'even langsliepen bij de betreffende collega'. Jongens, stop daar eens mee. Je collega's zitten er echt niet op te wachten dat jij langs komt lopen. Net als al die andere collega's die het ook veel efficiënter vinden om even langs te lopen – wegwezen.

Mail liever eens wat mínder, stuur saaie, lange mails ongelezen terug met de tekst: 'korter', lees alleen leuke mails, zoals de wiskundige die ze alleen leest als ergens '*maths is fun*' staat, of mail eens een keer niét.

Verder mag je mails met een stomme aanhef of afsluiter ongelezen weggooien en bedenk als je toch écht moet mailen in ieder geval een leuke onderwerpregel in de categorie 'zwanger' of 'hou van je'. Dan weet je trouwens ook meteen zeker dat je mail gelezen wordt.

Mensen die als onderwerp 'vraagje' schrijven of een automatische disclaimer hebben: wegwezen. En o ja, stop met die agendaverzoeken met hysterische piepjes – ik kan echt wel iets in mijn agenda schrijven.

Als er dan verder geen vragen zijn, ga ik weer even mijn vader mailen.

STOP MET RIJSTWAFELS, AFTERSHAVE EN CUP-A-SOUP OP KANTOOR

En ik maar denken dat mensen zich op hun werk het meest ergeren aan hun baas, aan het geklets van collega's of aan kapotte printers – maar dat blijkt niet zo te zijn.

Er is namelijk een ergernis die alle andere overtreft en zelfs tot 'moordneigingen' kan leiden, zoals een twitteraar me ooit schreef, en dat is 'de stank op kantoor'.

Toen ik daar op Twitter voorzichtig op doorvroeg, begon het inderdaad behoorlijk te stinken – metaforisch dan – van de afschuwelijke geuren waar jullie dagelijks aan blijken te worden blootgesteld. Ik heb ook nog nooit zoveel reacties gehad. En dus besloot ik om maar eens wat richtlijnen op te stellen omdat ik bang ben dat het anders niet vanzelf goed komt.

Laat ik beginnen met wat jullie het meest vinden stinken. Dat zijn rijstwafels, pindakaas, rijstwafels met pindakaas, cup-a-soup (door een twitteraar 'vleesthee' genoemd), gekookte eieren, 'alles met kaas', Red Bull en 'vieze stinkende fruitthee'.

De haat tegen deze zaken is zo intens dat het me verstandig lijkt om ze te verbieden binnen een straal van tien kilometer van kantoor. Als je ze toch wil eten of drinken, ga je maar naar huis of naar een andere stad.

We gaan sowieso stoppen met eten op de werkplek. Mensen blijken namelijk zúlke rare dingen achter hun scherm te eten dat het overzichtelijker is om er dan maar helemaal mee te stoppen.

Bakken vol thuis gemaakte salades met knoflook, rauwe uien, kikkererwten en yoghurt bijvoorbeeld: collega's vallen flauw zodra de deksels van de plastic dozen gaan. Maar ook rookworst, döner, makreel, broodjes tonijn, rauwe haring (serieus!) – dat kan écht niet.

Net als het opwarmen van eten in de buurt van bureaus. Saucijzenbroodjes, tosti's, quiches of nasi: hartstikke lekker allemaal, maar ga daarmee even naar de kantine, naar buiten, of beter nog: naar een waterdichte, betegelde ruimte die je na gebruik kan schoonspuiten.

Roken op kantoor is stank-ergernis nummer twee, zo bleek uit de reacties. Lieve rokers, we houden van jullie, maar we gaan wel afspreken dat als je gerookt hebt, je óf naar huis gaat, óf de rest van de dag je mond houdt in verband met de mondwalm.

Ook heel erg en op nummer drie van de stink-top drie: parfums, stinkdeo's, handcrèmes en aftershaves: die gaan we vervangen door reukloze varianten.

Vooral de 'mannen die denken dat de Axe-reclame echt is', collega's die zich voortdurend insmeren met 'kokoshandcrème' en vrouwen die in dikke wolken parfum rondlopen, of erger nog: hun parfum achter hun werkplek opspuiten – de hel. En denk nu niet: die van mij ruikt heel lekker, nee, ook die van jou stinkt. Stop liever een mintje in je mond en ga eens wat vaker douchen.

Dat is trouwens stankergernis nummer vier: collega's die niet douchen. Veel mensen blijken namelijk niet te weten dat als je op kantoor werkt, het heel normaal is om te douchen vóórdat je naar je werk gaat, niet als je thuiskomt.

Verder is het idee dat je 's ochtends je tanden poetst (!) én dat je schone kleren aantrekt. En dan niet denken dat 'de was in de wasmand vanzelf schoon wordt', zoals een twitteraar schreef.

'Natte dingen' op kantoor. Die blijken ook voor veel stank te zorgen, zo las ik in de reacties. Natte, uithangende regenbroeken bijvoorbeeld, of zweterige fietskleding over bureaustoelen – stop daar eens mee, stelletje viespeuken.

Tot slot, de gemeenschappelijke koelkasten: die laat ik overal in het land verwijderen. We hebben het een tijdje geprobeerd, maar er blijken nog steeds overal 'braadworstjes die oorspronkelijk komkommers waren' in te liggen stinken en allerlei andere 'etenswaren met een vachtje'. Dus toedeledokie.

Datzelfde geldt voor de pompjes op het toilet die als je binnenkomt een pufje op je hoofd spuiten – die ellende is vanaf vandaag ook over. 'Ik ruik nog liever een op de huid gebakken, in zweet gemarineerde muis op een bedje van bedorven pindakaas dan wat voor luchtverfrisser dan ook,' schreef een twitteraar. En zo is het.

Er zijn ook nog mensen die zich ergeren aan de geur van koffie (!), tapijtlijm, chocomel en sinaasappels, maar dat zijn gewoon zeurneuzen. Alles is sowieso nogal relatief 'als je in de zorg werkt en incontinentiemateriaal moet vervangen', zoals iemand schreef. En die heeft natuurlijk het meest gelijk van allemaal.

Als er dan verder geen opmerkingen meer zijn, kan iedereen op kantoor vanaf morgen alweer opgelucht ademhalen.

Graag gedaan.

MOOIE VROUWEN ZIJN GEVAARLIJK OP HET WERK

Op de redactie van NRC werken louter bloedmooie, betrouwbare vrouwen. Dus daar hebben we geen probleem. Maar élders worden supermooie vrouwen op kantoor minder betrouwbaar gevonden, minder eerlijk en vindt men dat ze eerder ontslagen moeten worden dan minder aantrekkelijke vrouwen.

Dat las ik tenminste in een onderzoek van de universiteiten van Washington en Colorado. Daaruit bleek dat als bij een fictief persbericht een foto van een zeer mooie vrouw stond die bedrijfsnieuws 'bekendmaakte', zij door een testpanel minder betrouwbaar werd gevonden dan als een man of een minder aantrekkelijke vrouw dat deed. Voor zeer aantrekkelijke mannen gold dat niet. Zij hadden af en toe zelfs *voordeel* van hun uiterlijk.

Onderzoekster en assistent-hoogleraar management Leah Sheppard noemt dat het 'femme fatale-effect', zegt ze als ik haar bel in Washington. 'Mooie vrouwen worden gevaarlijk gevonden. Mooie mannen niet.'

Toch is het ook weer geen oplossing om dan maar zo

'lelijk' mogelijk te zijn als vrouw, zegt Sheppard. Want uit ouder onderzoek blijkt dat aantrekkelijke mensen vaak een hoger salaris krijgen en een betere baan. 'Ik vind het ook oneerlijk,' zegt Sheppard, 'maar voor vrouwen lijkt het het best om maar "gewoon mooi" te zijn.'

Gewoon mooi – ik zuchtte eens diep. Geldt dat nou nóg steeds voor vrouwen? En hoezo zijn mooie mannen niet gevaarlijk? *I beg to differ*, Amerikaans testpanel! Maar ik dacht vooral: wat moet ik met dit nieuws, als vrouw?

Moet ik nu kiezen of ik mooi óf betrouwbaar wil zijn? Trots zijn als mensen me onbetrouwbaar vinden, huilen als ik betrouwbaar wordt geacht, of juist andersom? En wat moet je als vrouw als je onbetrouwbaar én lelijk bent?

Maar ik dacht ook: is het eigenlijk wel een probleem als je een onbetrouwbare vrouw bent? Ik ken best wat onbetrouwbare mensen met een hoog salaris. Je kunt als vrouw bovendien wel aan de gang *blijven*, zeker op het werk. Je mag al niet te bazig zijn, niet te onzeker en niet te sletterig, want dan word je als minder competent gezien, en zeker niet te naïef, want dan krijg je geen interessante klussen. Doodmoe word je ervan.

Weet je wat ik dan ook zou doen? Ik zou me niet te veel van dit soort studies aantrekken. Leah Sheppard zegt dat overigens zelf ook keurig in de disclaimer bij haar artikel: er is nog veel meer onderzoek nodig om te bewijzen dat de effecten zich ook in het échte leven voordoen. Ik zou dus lekker zo mooi zijn als je wílt zijn. En je van de rest weinig aantrekken.

Dus een Cleopatra als je een Cleopatra wilt zijn, of een

Mata Hari als dat beter uitkomt. Maar een Marilyn Monroe is ook prima, hè. Of een Ien Dales, een Khadija Arib, een Ellen Degeneres, een Jeanne d'Arc of een Carla de Boer uit Waddinxveen die net heur haar geknipt heeft.

Maar het allerbeste is natuurlijk om gewoon je eigen glorieuze zelf te zijn. En dat 'mooi' en 'lelijk' lekker helemaal te laten zitten, wat de testpanels ook vinden. En wie weet, als vrouwen dat lang en onverstoorbaar genoeg volhouden, worden ze ooit eens minder op hun uiterlijk beoordeeld en meer op hun prestaties.

Net als mannen.

DE KERSTBORREL HAALT HET SLECHTSTE IN DE MENS NAAR BOVEN

Als er één evenement op het werk is dat het slechtste én het beste in de mensheid naar boven haalt, dan is het wel de kerstborrel. Moet je er dronken worden of niet, moet je er in de lampen gaan hangen of juist wegblijven – je wil niet geloven wat voor vragen ik er al over kreeg.

Ik begon er weer eens over te twijfelen toen ik er een artikel over las in de *Irish Independent* met als kop: '*Has #MeToo killed the Christmas party?*' Daarin vraagt de auteur zich af of we de kerstborrel verpest hebben met strengere regels over flirten en drinken. Huh?

Alsof het 'vroeger' beter was. Met 'dronken gorilla's op de dansvloer', seksuele intimidatie en de 'wanhopige taferelen rond de open bar, als op de Titanic rond de reddingssloepen', zoals de krant schreef. #MeToo heeft de kerstborrel juist *bevrijd* in plaats van verpest. Vind ik dan.

Maar toen ik er op Twitter naar vroeg, kreeg ik zoveel uiteenlopende antwoorden dat ik toch maar wat tips heb bedacht.

TIP 1: een kerstborrel hoort vrijwillig te zijn. Ik wist niet wat ik hoorde, maar er zijn dus bedrijven die alleen op de kerstborrel kerstpakketten uitdelen, om zo het personeel te verplichten te komen – wat een armoede.

Dan krijg je dus mensen die zich standaard een week ziek melden in januari, vrije dagen opnemen of emigratie overwegen. Als de kerstborrel vrijwillig is, ben je van al die problemen af én zijn nergens meer chagrijnige gezichten te zien. Ideaal.

TIP 2: #MeToo is geen excuus om het dodelijk saai te maken. Zo las ik reacties van mensen die vóór #MeToo verkleed in het voetbaltenue van de Duitse *Mannschaft* naar de kerstborrel gingen, compleet met twintig halveliters de man, maar die nu na een glaasje prik naar huis gaan om 'thuis met het gezin de maaltijd te nuttigen'.

Maar ik las ook over bedrijven die een limiet aan het aantal drankmuntjes hebben gesteld, die helemaal geen alcohol meer schenken, die stoppen om halfacht 's avonds of die er een kerstontbijt (!) van hebben gemaakt. Lieve mensen, het hoeft echt niet van het ene uiterste in het andere.

Probeer liever eens wat nieuws, zou mijn **derde tip** zijn. Ik kwam genoeg leuke ideeën tegen. Zo zijn er pubquizzen, karaokes, las ik over een kerstborrel in een boekhandel en een *Ranking the Stars*-variant waarbij een 'zelfgeknutselde kerstdino met lampjes' gewonnen kon worden – doe eens gek.

Richt anders verschillende ruimtes in, dat is mijn **vierde tip**, om te kijken wat het best werkt. Dus een alcoholvrije ballenbak, een champagnefontein waarin je kunt zwemmen, een dansvloer voor de ballroom-liefhebbers en een rustige bibliotheekzaal waarin mensen keuvelen over hun laatst gelezen boeken.

TIP 5: zorg wél voor voldoende afterparty's, waarop iedereen zich naar eigen believen te schande kan maken – moedig dat desnoods ook een beetje aan. Want, en dat is TIP 6, er moet natuurlijk wel wat te roddelen zijn.

Collega's die op het toilet in slaap vallen en de volgende dag door de schoonmaker gevonden werden, een per ongeluk ingehuurde stripper die onverrichter zake moest terugkeren, een collega die een uur danste als een balletdanser – maak desnoods een schema wie wat doet en zorg voor duidelijk beeldmateriaal.

Dan, tot slot: mag er nog geflirt worden op de kerstborrel? Echt, die vraag kreeg ik. Alsof dat allemaal voorbij is sinds #MeToo en we daar überhaupt liters alcohol en seksuele intimidatie op het werk voor nodig hadden. Wel eens van 'wederzijdse instemming' gehoord? Kom op, zeg.

Laat mensen wel duidelijk weten of je alweer durft te zoenen of wilt boksen (TIP 7). Maak anders een button met je wensen en vraag, als het allemaal écht te erg wordt, desnoods twee potige collega's om met een steekwagentje lastige dronkenlappen de lift in te rijden (TIP 8).

Praat verder met minstens één verlegen collega die je anders nooit spreekt, laat je auto staan als je gedronken hebt, trek wat moois aan (je kunt niet 'overdressed' genoeg zijn op de kerstborrel), zorg voor een saaie, slecht verstaanbare speech met fluitende microfoon van de marketingmanager én geef iedereen een kerstpakket in een grote doos met houtwol. Ja, zuinige directies: óók de freelancers – er is geld genoeg (**TIP 9 T/M 13**).

En o ja, zorg voor een kamertje voor 'mansplainers'! (**TIP 14**). Daar kwam een collega mee. Billen knijpen deed hij toch al nooit, mailde hij, nee, het ergste vond hij dat hij sinds #MeToo niet meer mocht mansplainen. Misschien kunnen vrouwen daarvoor op de kerstborrel afspreken per toerbeurt verplicht vijf minuten naar een mansplainer te luisteren?

Mooi.

De kerstborrel gaat nooit verloren.

HALLO BUREN, MAG HET WAT RUSTIGER IN DE TUIN?

Thuiswerken is superfijn – als je in je eentje in een kasteel in Noordoost-Groningen woont. Maar als je in een appartementje van veertig vierkante meter in een binnenstad zit, met twee gillende kinderen, twee blaffende hondjes, vier fluitende parkieten en een videobellende partner die steeds 'learnings' en 'funnel' zegt, is het al een stuk minder ideaal.

In de zomer, als het heet wordt in de werkkamers, deuren en ramen open gaan en heel Nederland in de tuin gaat zitten, komt er nog een extra dimensie voor de thuiswerkers bij: de buren.

En dus vroeg ik lezers op Twitter, toen er net een hittegolfje begonnen was, naar hun ervaringen met hun buren in de tuin tijdens het thuiswerken. Ik schrok me de tandjes. Ik wist niet dat er zoveel mensen langzaam knettergek worden van hun buren en 's avonds in bed bloedige wraakscenario's liggen te beramen.

Het ergst? Dat zijn de 'kinderrijke buurten', schreven lezers. Niemand had natuurlijk iets tegen kinderen – kuch

– maar ze gillen altijd zo hard als er trampolines, zwembaden en waterpistolen in het spel zijn. Best lastig als je je binnen op je werk probeert te concentreren. 'Jammer dat kinderen met stembanden geboren worden,' schreef iemand.

Maar helaas, ook de volwassen buren houden mensen van hun werk. Door luid te gaan zitten bellen in de tuin bijvoorbeeld, alsof ze alleen op de wereld zijn. Gek word je daarvan, schreven lezers. En dan vooral als het van die pijnlijk vertrouwelijke gesprekken zijn die je binnen woord voor woord kunt volgen. 'Mijn buurvrouw belt altijd onder mijn raam omdat haar man het niet mag horen, maar ik dus wel,' reageerde iemand.

Of de videobellers in de tuin, o man. Vooral als ze oortjes in hebben en zelf niet horen dat ze héél hard 'HALLO HOOR JE MIJ' aan het roepen zijn. Of de buren die altijd op het balkon zitten te werkoverleggen. Heb je je binnen net door je eigen overbodige virtuele 'stand-up' geworsteld, krijg je die van de buurman er nog even achteraan. 'Ik pleit voor balkondiscipline,' schreef een lezer.

En nergens frisse lucht voor de thuiswerkers in de zomer, hè. Omdat overdag de ramen dicht moeten tegen de krijsende kinderen en 's avonds alles potdicht moet blijven tegen de walmende barbecues, de onvermijdelijk daarop volgende vuurkorven en de studentenfeesten tot halfvijf 's ochtends.

Er reageerde ook een lezer die buren heeft die aan de voorkant hun zeven (!) honden in de tuin laten kakken 'en het niet opruimen, dus veel vliegen' en aan de achterkant non-stop staan te kettingroken. 'Dus luchten is hier ook wat moeilijk,' schreef ze.

En dan de verbouwingen! Horendol worden veel thuiswerkers van al het geboor, gezaag, gefrees, geschuur, gebeuk en gesloop – dat begint meestal rond zeven uur 's ochtends. Is de overkapping bij de rechterburen af en denk je opgelucht adem te kunnen halen, dan dreunt het nieuwe souterrain van de linkerburen alweer je tuin uit.

Sommige lezers hadden daarbovenop ook nog wegwerkzaamheden in de straat. Dus dan zit je de hele dag gedwongen naar gedrilboor afgewisseld door smartlappen te luisteren – en je collega's ook, als je een videovergadering hebt.

En als de bouwvakkers rond vier uur 's middags vertrekken, komen de hobbyklussers onder hun stenen vandaan. Die nemen het dan lekker over tot diep in de avond met hun gezaag, geschuur, geklop, met hun bladblazers, grasmaaiers, teringherrie-terrasreinigers, kettingzagen en hogedrukspuiten – uiteraard ook in het weekend. 'Mijn buren zijn al weken aan het tegelen en het klinkt of ze de hele Krimpenerwaard gaan bestraten,' schreef een lezer.

En dan zijn er natuurlijk nog de buren die doodleuk in de tuin muziek gingen zitten luisteren, met boxen en al. Waarom?! schreef iemand. 'Doe oortjes in of ga binnen zitten. Maar val anderen er niet mee lastig.'

Was er dan helemaal niemand die fijne ervaringen had met z'n buren? Ja hoor, die waren er. Die bakken koekjes voor elkaar, helpen elkaar met de vuilniszakken, de boodschappen en ergeren zich nooit aan elkaar. Maar daar werd ik zo mogelijk nóg verdrietiger van, omdat dat het contrast nog groter maakte met al die anderen die zo lijden.

Toen ik uitgehuild was, dacht ik: gelukkig lost het probleem zich uiteindelijk vanzelf op. Als we allemaal gesmolten zijn door de klimaatverandering en het water het daarna zal overnemen. Daar kikkerde ik weer een beetje van op.

Tot die tijd kunnen we alleen maar dromen. Van een barbecueverbod in de zomer, van een verplichte bouwvak van januari tot november, van verplichte hoofdtelefoons voor heel Nederland, van een buitenverbod voor Zoom-vergaderingen en automatische emmers water voor iedereen die in z'n tuin 'onboarding' of 'brown paper-sessie' zegt.

En regen natuurlijk, miljoenen thuiswerkers dromen in de zomer van regen. Als je goed luistert, kun je ze horen: de stille gebedjes dat het maar snel herfst moge worden, of nog beter: winter.

Je zou bijna naar kantoor gaan verlangen.

DE CARRIÈREMAN DIE ÁLLES HEEFT

De man die álles heeft –een succesvolle echtgenote, geweldige kinderen, een mooie carrière, een sexy lichaam én een gezonde huid met een jeugdige glans? Zou die bestaan?

Op Twitter wel. Of althans, daar is een man die dat allemaal *probeert* te krijgen en dat is 'The Man Who Has It All'. Het is (natuurlijk) een grap, een parodie, maar het is mijn lievelingsaccount op Twitter. Omdat het alle vooroordelen over vrouwen en mannen genadeloos omdraait.

'The Man' doet op Twitter namelijk net of vrouwen de baas zijn in de politiek, de wetenschap en het bedrijfsleven, en of het voor de mannen 'een enorme opgave' is om huishouden en kinderen te combineren met een carrière.

Hier zijn het dus de mannen die 'na een dag hard werken' 's avonds nog 'cupcakes moeten versieren', de kinderen helpen met het huiswerk, ze naar de sportclub rijden, de was draaien en sporten om hun lichaam in vorm te houden omdat hun vrouw er anders met een jongere man vandoor gaat – en zijn het de vrouwen die carrière maken en geen reet uitvoeren in het huishouden. Ik vind dat onweerstaanbaar grappig.

Bijvoorbeeld als The Man zich weer eens vertwijfeld afvraagt hoe hij toch zijn 'me-time' kan bewaken – dat vreselijke clichéwoord uit de damesbladen. Hij gaat dan meestal in bad zitten met een glossy die hem leert wat er mis is met zijn lichaam en hoe hij dit kan verbergen – bijvoorbeeld door kleding te dragen 'die de focus op zijn sterke punten legt, zoals zijn goedgevormde penis, en die de aandacht afleidt van zijn 'probleemgebieden', namelijk zijn kleine hoofd.

Hij stelt ook geregeld vragen op Twitter. Wat we vinden van mannen die darten bijvoorbeeld, of mannen zich 'zichtbaarder moeten maken in de wetenschap' en of we nog mannen weten voor een lijst met 'historische figuren' omdat hij alleen vrouwen weet te noemen. Zijn grootste droom? 'Dat er een dag zal komen dat mannen alles zullen worden wat ze willen: *men writers, male spacewomen and gentleman doctors.*'

Ik heb geprobeerd de vrouw te interviewen achter al deze grappen – het móét wel een vrouw zijn, toch? – maar dat mocht niet van de agent die op het account genoemd wordt. Ik kon alleen het personage The Man zélf interviewen, antwoordde ze. Hij zou de antwoorden op mijn vragen mailen. En dat deed 'hij'.

Dat hij 'heel gelukkig is dat zijn vrouw af en toe in het weekend de kinderen een uur meeneemt naar het park' zodat hij de badkamer kan schoonmaken. Dat hij nooit de keuzes van andere 'werkende vaders' bekritiseert, zelfs als ze de verkeerde maken. Dat zijn vrouwelijke baas hem altijd behandelt als ‘one of the girls’ en dat hij niet snapt dat zoveel mannen zich ‘testerical’ gedragen als vrouwen hen laatdunkend op het werk behandelen. Dat het nu eenmaal ‘de natuur’ is dat vrouwen geschikter zijn voor het managen van landen en bedrijven en mannen ‘met hun grote handen en sterke armen’ voor het huishouden.

‘Mijn vader is mijn rolmodel,’ schreef ‘hij’ me tot slot. ‘Omdat hij me geleerd heeft te genieten van de kleine dingen. Zoals een lege wasmand en vijf minuten tijd voor mezelf.’

Toen moest ik alweer zo hard lachen dat ik helemaal vergat te vragen wat hij het liefst zou willen zijn: een man die alles heeft of een vrouw die alles haarscherp ziet.

Of allebei natuurlijk.

MAG HET OOK WAT TRAGER OP ONS WERK?

Als ik érgens een bloedhekel aan heb, dan is het wel aan 'omdenken'. Als ik mensen hoor zeggen dat ik 'problemen als een kans moet zien', of dat als je maar positief genoeg denkt, alles vanzelf goed komt, dan word ik woest – wás het leven maar zo eenvoudig.

En toch, verdomd als het niet waar is, was ik het ooit roerend eens met een tweet op het Twitteraccount 'Voor Positiviteit' dat in 'omdenken' grossiert. Ik las er de oproep om 'de rotmaatregel' van Mark Rutte, waardoor we overdag op de snelweg nog maar 100 mogen rijden in plaats van 130, niet als een straf te zien, maar als een zegen. Als een 'mooi moment' dat we moeten 'aangrijpen om de snelheid van het leven wat te vertragen, om iets minder te moeten en ons minder druk te maken'. Ik vond het meteen een briljant idee.

Want we hollen ons momenteel toch allemaal suf op ons thuiskantoor? Wat zou het heerlijk zijn als we het niet alleen op de weg, maar ook op ons werk wat rustiger aan mochten doen.

Dat vonden meer mensen, bleek toen ik er op Twitter en bij mijn collega's eens naar informeerde – niets dan bijval. Zóveel dat ik dacht: laat ik alle ideeën voor een langzamer leven eens op een rijtje zetten. Wie weet wordt dit dan wel het moment dat we definitief afrekenen met alle stress en haast.

Laten we allereerst eens stoppen met al die honderden procenten 'commitment' die je geregeld op LinkedIn tegenkomt, zo opperde een collega. 200 procent, 400 procent, doe eens rustig. Misschien dat dit gewoon weer 100 procent mag worden. In het verlengde daarvan zou je ook aan pantoffels van de zaak kunnen denken, af en toe een pyjamadag op kantoor (inclusief een siësta) en de rest gewoon lekker thuis.

Misschien kunnen we ook eens wat langzamer gaan sporten, vond een andere collega. Ze kon de laatste tijd namelijk geen park meer binnenwandelen of ze kwam een bootcamp tegen. Vond ze niet echt normaal.

Net als Netflix! Mocht dat ook een tandje minder? Sommige van haar vrienden hingen alleen maar op de bank, terwijl het volgens haar 'heel heilzaam kon zijn om niet vier, maar drie of zelfs maar twee uur op een avond series te kijken'.

Een derde collega deed sowieso alles in zijn leven al op halve snelheid, zo mailde hij me, inclusief zijn loopjes op kantoor. Had hij tot nu toe altijd geheim gehouden, maar met Mark Rutte achter zich durfde hij daar nu best voor uit te komen. Als je langzamer loopt, houd je automatisch minder tijd over voor je werk en voel je je rustiger, zei hij.

Hij overwoog binnenkort zelfs naar slow motion over te stappen.

En waarom zouden we dat ook niet op de snelweg doen, vond hij. Waarom 100 en niet 70, of beter nog, 50? Eens even lekker genieten van knooppunt Oudenrijn, je ogen uitkijken op de Van Brienenoord en tot jezelf komen op de A10. En dan een koelbox mee met lekkere kaasjes en wat paté en eens wat vaker stoppen. 'Autorijden als een moment van introspectie.' Zitten jullie op te letten, VVD?

Het bedrijfsnetwerk mag overigens ook wel wat langzamer, vond een andere twitteraar. Dat je steeds even moet wachten tot je werk geladen is – even rust. Of zorg wat vaker voor een stroomstoring – behalve bij de koffieautomaat, dat is nog gezellig ook.

Je kunt ook de tijd wat langzamer laten lopen, vond weer een andere twitteraar. En de klok kan ook best wat vaker een uur terug, zeker in de winter. Dan is het toch al de hele dag donker.

Maar ook 'minder moeten' was populair. Dus niet alleen 23 procent minder snel op de weg, maar ook 23 procent minder uren, 23 procent minder vergaderingen, 23 procent minder stuurgroepen en 23 procent minder *quick wins* – maar dan wel 23 procent méér salaris, om alles een beetje in balans te houden. Er was ook iemand die schreef dat 23 procent minder belasting hem veel rust zou geven. Kijk daar eens naar, Belastingdienst.

Verder werd er gepleit voor minder punten op de horizon, maar méér vergezichten, dingen overschrijven in plaats van kopiëren, samen brood bakken voor de lunch, na de spits pas naar kantoor en geen *pressure cookers* meer – dat zijn 'hogedrukvergaderingen', serieus – maar louter *slow cookers*.

Het gevoel dat overheerste? Als wij willen dat het minder hard gaat op ons werk, dan gáát het ook minder hard. Dat het zo makkelijk kon zijn, had eigenlijk niemand zich gerealiseerd.

Voor dat inzicht mogen we Mark Rutte best dankbaar zijn.

ZEG EENS WAT VAKER 'NEE' OP KANTOOR

Als ik érgens moe en ongelukkig van word op kantoor, dan is het wel van al die keren dat ik met een kluitje het riet in word gestuurd met uitspraken als: 'goed punt', 'we gaan ernaar kijken', 'staat genoteerd', 'dat heeft de aandacht', 'ik hoor wat je zegt' en 'we nemen het mee'. Het klinkt allemaal veelbelovend, maar het betekent eigenlijk altijd: gaat niet gebeuren.

Zoals de communicatiemedewerker vorige week, die me liet weten dat ze 'nu even niet op mijn verzoek kon ingaan, maar dat als ik "in the loop" gehouden wilde worden, ik mijn naam kon achterlaten' en dan werd ik 'teruggebeld' – grrrr. We wisten allebei: hier horen we nooit meer wat van.

Maar het érgste aan dit soort stoplappen op het werk is natuurlijk dat ze steeds nieuwe verzinnen. Daar kwam ik achter toen ik er op Twitter naar vroeg. Dus hier komen ze, in categorieën.

Het Zogenaamde Compliment. Het is zo doorzichtig als de pest en áltijd weer vreselijk om te horen, maar toch doet iedereen het: een compliment geven dat je helemaal niet meent. Zoals: 'Fijn dat je kritisch bent, dat houdt ons scherp.' 'Dit is een heel sympathiek voorstel, gaan we mee aan de slag.' 'Zo nuttig, je feedback, hier kunnen we écht iets mee.' En: 'Bedankt voor het signaal' – hoezo: welk signaal, ik ben geen misthoorn. Zeg dan liever: 'Leuk idee, maar we doen het niet.'

Het Kluitje Met Je Naam Erbij. Mogelijk nóg erger vind ik de mensen die je naam noemen bij hun kluitje-in-het-riet, omdat ze dat geleerd hebben op een managementcursus. Zoals: 'Een hele goede opmerking, Japke.' Of: 'Dank voor je input, Japke' – ik ben er trouwens nog steeds niet uit welk woord ik erger vind, 'input' of 'feedback', maar dat terzijde.

Het Extra Leugenachtige Kluitje. Alle kluitjes-in-het-riet zijn in feite leugens, maar het kan altijd nóg leugenachtiger, zoals: 'We moeten binnenkort even afspreken.' En: 'We gaan snel een borrel drinken.' Beide partijen weten: gaat niet gebeuren, anders hadden we wel meteen de agenda's erbij gepakt.

Het Komische Kluitje. Eigenlijk de gevaarlijkste categorie. Denk aan: 'We komen er spoedig op terug en mogelijk nog eerder.' 'We zitten erbovenop en dat blijft nog wel even zo.' En: 'Hoe was jouw naam ook weer' (van iemand die je goed kent). Want je weet, ook al lachen we erom, er gaat niets met mijn verzoek of vraag gebeuren.

Het Formele Kluitje. De lelijkste categorie én de dodelijkste: je kunt er niet om lachen, je krijgt geen compliment én je weet dat er niets gaat veranderen. Denk aan: 'We zullen er een gepast gevolg aan geven' – de prullenbak – en: 'We gaan het onderzoeken en dan overleggen we met de betrokkenen' – tuurlijk.

'Neerleggen' is het nieuwe 'we gaan ernaar kijken'. Nu je écht niet meer met de dooddoener 'We gaan ernaar kijken' kunt aankomen, hoor ik steeds vaker varianten met 'neerleggen'. Als in: 'Ik ga dit bij de verantwoordelijke afdeling neerleggen.' Erg. Want bij 'kijken' suggereer je ten minste nog dat je iets gaat doen, maar bij neerleggen, tja. Daar ligt het dan. Op zich wel eerlijker dan 'kijken', dat wel.

Het Creatief Geformuleerde Kluitje. Is niet grappig, maar wat dan wel? Zoals: 'Hier wil ik eerst nog even op pruttelen met wat mensen.' In een sauna? Tot iedereen gaar is? Of: 'Hier moet ik eerst nog even op kauwen.' En dan wat: uitspugen of doorslikken? En ook: 'Ik heb er voor mezelf een aantekening van gemaakt.' Ja, en nu?

Het Bemoedigende Kluitje. Je hebt van die mensen die 'alle begrip' voor je hebben en je op die manier altijd een stap voor zijn met uitspraken als: 'Ik snap je teleurstelling.' Of: 'Ik begrijp dat je dit niet prettig vindt.' *Woedend* word ik daarvan.

De kluitjes die je óók nog eens extra werk opleveren. Zoals: 'Stuur even een mail, dan zet ik het door' – zétte je maar door! Of: 'Kun je even een *call* aanmaken.' Waarom? Zeg gewoon 'nee'. Dat mág hoor, ook op kantoor. Een 'nee' kan soms heel fijn zijn.

Maar het allerergste kluitje? Dat is natuurlijk 'Hoe vind je zélf dat het gaat?' Het is de standaardopeningszin van zo'n beetje elk functioneringsgesprek en heeft al miljarden kantoortijgers tot waanzin gedreven.

Want als je zegt dat het goed gaat, doe je te weinig aan zelfreflectie en als je zegt dat niet alles goed gaat, krijg je de aantekening in je dossier dat euh, niet alles goed gaat. Gek word je ervan.

Wat je dan wél moet zeggen? Trek het breed, adviseerde een dierbare collega me ooit. Dus zeg als iemand vraagt 'hoe vind je zélf dat het gaat?', dat je je zorgen maakt over de relatie tussen Amerika en China, dat je vreest dat we nog lang niet van het coronavirus af zijn, dat je heel verdrietig wordt als je aan de migratiestromen vanuit Noord-Afrika denkt, aan het klimaat én aan de stijging van de zeespiegel. Laat je baas je dán maar eens proberen af te remmen.

Wat ook kan, is over haar of zijn functioneren beginnen. Want er staat nergens dat het functioneringsgesprek over jou alleen moet gaan, toch?

Neem in ieder geval een zakdoek mee naar je functioneringsgesprek, zei ze me. Dan kun je aan het einde zeggen dat je 'heel veel energie krijgt' van je plannen voor de toekomst, om vervolgens op te staan en ze in je zakdoek te mompelen zodat niemand ze kan verstaan. Daarna knik je vriendelijk, draai je op je hakken en maak je je uit de voeten.

Kleine kans dat je baas het ooit wéér zal vragen.

WAAROM VROUWEN VAAK DE LASTIGE KLUSSEN KRIJGEN

Wat een puinhoop joh, die brexit. Ik vraag me nog steeds af of het Verenigd Koninkrijk de scheiding van de EU überhaupt gaat overleven.

Wat ik dan wél weer mooi vond aan alle chaos, was de vrouw die er tijdens de brexit aan het roer stond – Theresa May. Onvermoeibaar, als een blind paard in een porseleinkast – en zeker niet het allerslimste – trok ze het land aan de oren de hel in. Schitterend.

Vooral omdat er geen man te vinden was die de klus destijds wilde klaren – je zag er ook een paar als ratten het zinkende schip verlaten nadat David Cameron was vertrokken. Het waren overigens ook mannen die in meerderheid voor de brexit stemden. Theresa May mocht de rotzooi opruimen.

Dat zie ik zelf ook vaak: vrouwen die de zooi opruimen die mannen veroorzaken. Thuis – als na een etentje de mannen zich met een sigaar terugtrekken en de vrouwen richting keuken stevenen. Op kantoor – als na een vergadering de mannen druk bellend over heel belangrijke zaken weglopen en de vrouwen de druipende theezakjes en kleverige bananenschillen verzamelen.

Maar ook in het bedrijfsleven en de politiek komt het voor. Daar heeft het zelfs een naam, namelijk: het 'glazen klif'-effect. Dat houdt in dat als er stront aan de knikker is er eerder een vrouw benoemd wordt op een toppositie dan in tijden van 'alles gaat gewoon zijn gangetje', of, zoals de Britse wetenschappers die de term bedachten het bondig samenvatten: '*think manager, think male; think crisis, think female.*'

Die wetenschappers waren Michelle Ryan en Albert Haslam van de universiteit van Exeter. Ze lanceerden de glazen klif na een artikel in *The Times* in 2003, waarin werd beweerd dat als vrouwen aan de top komen daarna al snel de pleuris uitbreekt. Ryan en Haslam kwamen erachter dat die pleuris niet door de vrouwen werd veroorzaakt, maar dat die er al wás voordat ze benoemd werden.

Ik denk dat er daarom ook zo weinig vrouwen in Nederland op topposities zitten: er is hier te weinig stront aan de knikker, het gaat hier te goed. Misschien als de crisis zich verdiept, dat we dan meer vrouwelijke lijsttrekkers krijgen. Maar tot die tijd zijn de vrouwen thuis nodig voor de pleuris en zitten de mannen gemiddeld vaker comfortabel op topposities in het bedrijfsleven en in de politiek.

Ik vond het wel jammer dat Theresa May een vrouw is. Ben ik heel eerlijk in. Ze was niet echt reclame voor mijn geslacht, zeg maar. Dat is ook meteen een belangrijk nadeel van vrouwelijke bazen, zegt hoogleraar leiderschap Janka Stoker van de Rijkuniversiteit Groningen als ik haar erover bel: 'Een vrouwelijke leider zien we nooit alleen als leider, maar vooral ook als vrouw.'

Wat heel interessant is bij een vrouwelijke baas, zegt Stoker, is dat ze zelden wordt opgevolgd door een andere vrouw. Vooral als ze het niet goed heeft gedaan, wat vaak het geval is op zo'n glazen klif. Dan willen mensen liever toch vaker 'weer gewoon' een man. 'Als je als vrouw dus wordt opgevolgd door een vrouw, zoals de verwachting is met Angela Merkel, dan heb je het écht heel goed gedaan,' zegt Stoker. We lachen er samen om.

Maar eigenlijk is het ook een beetje om te huilen.

HOE HEET JOUW ZOVEELSTE VERGADERING?

Nou wist ik al dat jullie allemaal veel te veel vergaderen. maar dat het écht de spuigaten uit loopt met al dat geklets op het werk, daar kwam ik eerlijk gezegd pas door Twitter achter.

Dat begon toen ik de tweet kreeg of ik de term 'cactusgesprek' al kende. Dat is een 'gesprek op je werk waarin prikkelende vragen worden gesteld'. Ik moest er erg om lachen – ik stelde me zo voor dat iedereen elkaar dan via de Zoom een cactus moet doorgeven.

Maar toen ik vervolgens op Twitter vroeg of mensen nog meer 'bijzondere kantoorgesprekken' kenden, kreeg ik zoveel reacties dat ik er maar liefst een extra lang hoofdstuk voor nodig heb om ze allemaal te presenteren. Lees, geniet én huiver.

De sessie. Als je je vergadering belangrijker wil maken, noem hem dan 'sessie'. Wie weet trappen je collega's erin. Zo kwam ik de 'popcornsessie' tegen ('een gesprek waarin je alles mag zeggen wat er in je oppopt'), de 'inspiratiesessie' (waar je zelden inspiratie van krijgt overigens), de 'haardvuursessie' ('een informeel gesprek met de directie') en de 'kampvuursessie' (ook zoiets maar dan met meer collega's erbij).

Wie denkt dat er ook écht vuur of popcorn bij deze 'sessies' aanwezig is, komt bedrogen uit. Je mag al heel blij zijn als er 'een screensaver met een haardvuur op een beamer wordt geprojecteerd,' schreef iemand op Twitter.

Het functioneringsgesprek? Dat voert niemand meer. Dat heet tegenwoordig 'ambitie- en koersgesprek', 'koers- en kompasgesprek' (de scheepvaart maakt overuren), 'werk- en ontwikkelgesprek', 'groei- en bloeigesprek' (ben ik een plant of zo), 'PRO-gesprek' (persoonlijk resultaat- en ontwikkelgesprek) of, nog erger: het 'evolutiegesprek'.

In dat laatste geval mag je in de traditie van Darwin zelf bepalen of je richting kieuwen of opponeerbare duimen gaat, schreef iemand. Ook vrij erg vond ik de 'great conversations', zoals een bedrijf zijn functioneringsgesprekken noemt. Alsof het altijd zo 'great' is met je carrière.

Maar de ergste in deze categorie vond ik toch wel het 'wow-gesprek' ('welzijn, ontwikkeling, werk') of, nog erger: de 'werkselfie'. Een functioneringsgesprek waarin je 'helemaal zelf' (vandaar die selfie, jeuk) mocht bepalen waarover het ging. Kom op zeg, zitten we op de middelbare school of op ons werk?

De Engelse jeuktermvergadering. Veel mensen denken dat een saai overleg opknapt van een Engelse naam. Zoals de ‘stand-up’ (veel te lang staand vergaderen), de ‘meet-up’ (bijkletsen), de ‘heads-up’ (koffiedrinken en vakantiefoto’s), de ‘huddle’ (ik denk iets met knuffelen) of de ‘kick-off’ (dat je elkaar een schop onder de kont geeft).

Zo’n Engelse term kan helaas niet verhullen dat het vaak écht niet meer is dan ‘een groepje pastelkleurige overhemden dat elkaar met gele post-its bij een scrumbord van het werk staat te houden’, zoals iemand op Twitter uitlegde.

Dan de tafel! Man, die rukt op, schreef ik al eerder. Maar hij blijkt ook tijdens vergaderingen, euh, op tafel te komen. Zo is er de ‘kennistafel’, (terug naar) de ‘tekentafel’, de ‘ronde tafel’, de ‘keukentafel’ en, die vond ik zelf vooral heel onsmakelijk, de ‘doorbraaktafel’. Ik hoop maar dat ze daar voldoende drinken en dat er standaard een teiltje naast staat.

Maar er zijn ook vergaderingen waarin juist weer géén tafel aanwezig is. De ‘stand-up’ en de ‘huddle’ noemde ik al. Maar er is ook het kringgesprek! Ik dacht dat zulke gesprekken alleen op de basisschool plaatsvonden om de tijd te vullen, maar ze blijken ook op kantoor springlevend. ‘Want zo kun je elkaars lichaamshouding beter zien,’ schreef iemand. Ik zou het dan eerder een ‘kringspiergesprek’ noemen, qua samengeknepen billen.

De ‘PG’ (het persoonlijk gesprek) of het ‘PO’ (persoonlijk onderhoud). Moest ik erg om lachen. Alsof je ook onpersoonlijke gesprekken hebt. In diezelfde categorie kwam ik de 'face-to-face' tegen. Lijkt mij ook vrij logisch, dat je elkaar spreekt met de gezichten naar elkaar toe. Maar je weet het niet, misschien hebben ze daar ook wel 'talk to the hand'-gesprekken of 'back-to-backs'.

Een stuk creatiever vond ik het 'anti-stroopgesprek', waarin 'snel door de inhoud gegaan wordt, zonder overal lang te blijven plakken', het 'jezus-gesprek' ('het laatste vermanende gesprek voor je eruit vliegt'), het 'vuurtorenoverleg' ('met een signalerende functie'), en de 'oogstdialoog' ('haal de combine maar vast uit het vet,' reageerde iemand op Twitter).

Maar ook het 'cohesiemoment' mag niet onververmeld blijven – een vergadering waarbij iedereen met plakband aan elkaar wordt geplakt – denk ik. Of de 'windtunnelsessie' (een clubje windbuilen met open deuren), de 'overlegvergadering' (joh), de 'werkveldbijpraatbijeenkomst' (mag ik hieruit?) en mijn persoonlijke favoriet: de 'leeglopsessie' – even alles eruit.

Dan het '360-graden-overleg'. Klinkt als een kookwas waarin je je collega's lekker heet kunt wassen, maar heeft helaas niets met graden Celcius te maken. Nee, het is een *hoek* van 360 graden, een cirkel, die symboliseert dat je een persoon of onderwerp 'van alle kanten bekijkt'. Gaap.

Nóg zo'n vergadering waarbij het lijkt of de temperatuur er behoorlijk oploopt, is de '**pressure cooker**' waarin 'onder hoge druk een beslissing wordt geforceerd'. Maar zelfs dát is geen kookpot waarin je je collega's kunt gooien, maar de zoveelste '*fietbekmieting*'.

Wat dachten jullie van het 'kapstokoverleg'? Klinkt als een bijeenkomst waarbij je je collega's aan de kapstok mag hangen tot ze je gelijk geven, maar is een vergadering 'waarbij we al onze emotionele bagage en (voor)oordelen bij de kapstok laten', aldus de tipgever. Hè, jammer.

Net als de 'waslijnsessie'. Zelfs daar mag je niet met wasknijpers op je collega's los, maar moet je de '*current state*' op vellen papier aan een waslijn hangen om vervolgens 'tot een 'future state' te komen'. Huil.

Of wat dachten jullie van de 'townhall', die klinkt alsof je naar het centrum van de stad mag, maar in werkelijkheid een massale vergadering met veel te veel collega's is.

De 'powerpitch', wat achteraf toch weer die saaie collega van marketing blijkt te zijn met een slaapverwekkende powerpointpresentatie. Of de '*open space*', waarbij je droomt van een open veld, maar wat een 'niet-verplicht overleg' is in een ruimte waar geen enkel raam open kan.

Ook erg in de categorie misleiding vond ik de **'safari'**, 'waarin je samen op ontdekkingsreis gaat'. Jeuk. En dan maar hopen dat er een leeuw langskomt die iedereen opvreet.

Over eten gesproken, daar wordt ook veel mee vergaderd! Zoals het 'netwerkontbijt', waarbij je met je onuitgeslapen hoofd visitekaartjes moet uitwisselen, of nog erger: het 'interactief onderbouwingsontbijt' (de wattes?), en de 'brown paper bag-sessie', waarin je met je boterhammen in een papieren zakje naar elkaars gekauw en geklets gaat zitten luisteren terwijl je ook buiten op een bankje in de zon had kunnen zitten.

Ik dacht ook dat de **'feedforward'** iets met eten te maken had. Maar dat is een 'vergadering waarin je je niet mag laten afleiden door het verleden, maar je louter op de toekomst richt'. Uhuh. Op kantoor zeker.

Dan de categorie menselijk lichaam-vergaderingen. Die zijn er dus ook. Zoals het 'wenkbrauwgesprek', waarbij je 'met een opgetrokken wenkbrauw normoverdragend wordt toegesproken'; het 'onderbuik-op-tafel-gesprek' (ieuw) – waarbij je je diepste gevoelens mag delen; het 'benen-op-tafel-gesprek' (ontspannen); het 'voeten-op-tafel-gesprek' (een tikje minder ontspannen) en de 'vinger-aan-de-pols-gesprekken' (ik denk bij de Spoedeisende Hulp).

Belangrijk om te weten is dat het bij geen van deze gesprekken de bedoeling is dat de genoemde lichaamsdelen ook écht op tafel komen of überhaupt een rol spelen. Gelukkig maar, qua 'onderbuik-op-tafel-gesprek', maar wel weer jammer voor de mensen die van deze categorie een enorme behoefte aan een 'voorhoofd-op-tafel-gesprek' krijgen.

Of de vergaderingen die klinken als een ongewenste intimiteit, zoals de 'een-op-een'. Dat is een gesprek met één andere collega, maar ik krijg er heel andere gedachten bij. Zeg dan 'bila'. Dat is ook erg, maar daar krijg je in ieder geval geen '*get a room*-gevoel' van.

Datzelfde geldt voor het 'laten-we-even-een-hok-induiken'-overleg of het 'even-snel-iets-tegen-je-aanhouden-om te-checken'-gesprek. Brrr. Ik ken niet veel mensen die op kantoor iets tegen me aan mogen houden en al helemaal niet in een hok met niemand anders erbij.

Maar ik viel pas écht van mijn stoel toen ik over de **'topless-vergadering'** hoorde. Gelukkig bleek dat geen vergadering te zijn waarbij iedereen zijn shirt of erger uittrekt, maar een vergadering zonder beeldschermen (laptops of desktops). Hallo! Zeg dat dan.

Het hardst moest ik lachen om het **'goede gesprek'**. Want ja, dat zijn al die andere safari's, sessies, townhalls, deep dives en bila's dus blijkbaar niet.

Het 'kwalitatief uitermate teleurstellende gesprek', ten slotte, wordt vaak in Den Bosch gevoerd, schreef de tipgever. 'Wordt vaak afgekort,' schreef hij erbij.

Zullen we anders gewoon weer aan het werk gaan, lieve mensen?

ZO KOM JE VAN JE THUISWERK-KILO'S AF

Ik weet niet hoe dat bij jullie werkt, maar ik kom altijd nogal aan van thuiswerken. Als ik niet oppas, vergroei ik met mijn keukenstoel.

Op straat haal je de thuiswerkers er ook zo uit, let maar eens op: die hebben allemaal zwembandjes. De mensen die geregeld naar hun werk gaan zijn allemaal slank, strak en fit, en halen me links en rechts in.

Wij thuiswerkers zéggen allemaal dat het komt omdat we het zo druk hebben. Maar in werkelijkheid komt het door het thuisdrinken. En ja, we bewegen natuurlijk ook veel te weinig, in ieder geval een stuk minder dan als we naar kantoor gaan.

Want tel maar op: van de fiets naar het station, van het station naar de metro, van de metro naar kantoor, van kantoor naar de broodjeszaak en van de broodjeszaak met z'n allen naar het biercafé – je verkijkt je erop, maar dat kan zomaar een paar kilometer per dag schelen.

En dan nog alle kilometers die we óp kantoor lopen! Van ons bureau naar de koffieautomaat, van de koffieautomaat naar de printer, van de printer naar een opstootje, van het opstootje naar een scrum, van een scrum naar het muurtje waar we ons hoofd altijd even tegenaan bonken.

Om nog maar te zwijgen van alle loopjes over de afdelingen, om onszelf te profileren met onze dossiermappen, heel druk en belangrijk. Als ik al dat gejakker vergelijk met mijn thuiswerkradius – van mijn keukentafel naar de chocoladekoekjes en van de chocoladekoekjes naar het tosti-ijzer is het hooguit twee meter – is het natuurlijk niet zo gek dat ik er gisteren in bed pas achter kwam dat m'n keukenstoel nog aan m'n bolle reet zat vastgekleefd.

Werkgevers maken zich er ook zorgen over. Nou ja, niet om mij natuurlijk, maar om de gezondheid van hun dichtgroeiende werknemers in het algemeen.

Zo zag ik een filmpje van zorgverzekeraar ONVZ in samenwerking met website *De Ondernemer* – met fitnessgoeroe Arie Boomsma. Dat vond ik nogal sadistisch.

Want daar zat ik dan, achter m'n scherm, met m'n thuiswerkkilo's en m'n schaaltje bonbons binnen handbereik, toen ik ineens een superfitte Arie Boomsma in beeld kreeg. Het contrast kon niet groter zijn. Maar gelijk had hij wel. Want Boomsma vond dat wij thuiswerkers véél meer in beweging moeten komen en dat dat écht niet zo lastig is. Loop gewoon eens wat vaker rond, zegt hij in het filmpje, en doe als je opstaat meteen even twaalf *squats* of een *split squat* bij je bank, of een *chair dip*, wat heel ingewikkeld klinkt als je het zo leest, maar wat als je het doet gewoon arm- en beenoefeningen met je stoel zijn.

Maar Boomsma had ook nog een andere goede tip: zet

je printer in een andere ruimte, zodat je meer loopt dan als je hem op je werktafel hebt staan.

Jongens, ik zal er niet omheen draaien: het filmpje met Arie Boomsma was voor mij een snoeiharde confrontatie en ik ben daarna meteen aan de slag gegaan.

Ik heb een Dixi aan het einde van de straat gezet zodat ik ook naar de wc meer kilometers maak, ik heb een etage op m'n huis laten zetten en de chocoladekoekjes op de hoogste verdieping geparkeerd en ik heb alle trappen weggehaald en vervangen door touwladders.

Verder douche ik bij de buren, uiteraard op zolder, doe ik al m'n Zoom-vergaderingen wandelend, loop ik met de wasmand drie keer per week naar een vriendin die een dorp verderop woont – en weer terug – en doe ik om de vijf minuten honderd *chair dips*.

Ik heb nu wel voortdurend spierpijn, kan amper meer lopen én krijg mijn werk niet meer af. Maar een kleinigheid hou je.

De stijgende lijn is terug.

HEB JIJ EEN VITAAL BEROEP OF EEN BULLSHITBAAN?

Ik ga er niet over opscheppen, maar stiekem ben ik er best trots op dat ik op de lijst van 'vitale beroepen' sta. Dat is de lijst die de overheid tijdens de coronacrisis opstelde van mensen die de samenleving in grimmige tijden draaiende houden en er recht op hebben om voor te dringen bij de kassa, altijd naar kantoor te gaan, hun kinderen te laten opvangen en elke week een bloemetje thuis te krijgen – dank daarvoor!

Zelf had ik het nooit gedacht, maar ik blijk als 'journalist' dus onmisbaar. Net als pakketbezorgers, vuilnismannen, chauffeurs, mensen in de zorg, bij de brandweer, de politie en in het gas, licht, water, betalingsverkeer, telefonie, vervoer en internet (wifi!) – Mark Rutte heeft het zelf gezegd. Je zou er bijna arrogant van worden.

Mijn vrienden en familieleden hebben dat ook. Of althans, de gelukkigen die ook op De Lijst staan. Een wiskundeleraar, iemand die een pensioenfonds draaiende houdt, iemand van de publieke omroep, twee (!) brandweermensen. We bellen geregeld om elkaar te vertellen hoe dankbaar we zijn dat we een plekje hebben op de Ark van Noach, wij, de uitverkorenen.

Ik heb dat trouwens ook met mensen op straat. Een vakkenvuller, een arts, een pizzakoerier, een systeembeheerder: als we elkaar passeren, knipogen we even naar elkaar, zoals motorrijders elkaar groeten – eindelijk erkenning. Heel mooi dus. Jammer dat De Lijst zo kort is.

Zoals de schoonmakers, de boeren en de uitvaartbranche bijvoorbeeld, die na publicatie van de eerste versie schielijk moesten worden toegevoegd – oeps. Maar ik denk dat er nog veel meer beroepen ontbreken. Dat vonden mensen op Twitter ook, toen ik ernaar vroeg.

Waar zijn bijvoorbeeld de kappers? vroegen lezers. De beroepsgroep die je zelfvertrouwen geeft en je überhaupt toonbaar maakt. Over vitaal gesproken. Of de dierenartsen, voor onze dieren – hallo!

Of pedicures! Als in de zomer de teenslippers weer opduiken op kantoor of tijdens de Zoom-vergaderingen, zijn zij degenen die het aanzicht draaglijk houden. Maar ook acteurs, regisseurs, cabaretiers, scriptschrijvers en ondertitelaars – zij zorgen ervoor dat er wat te netflixen valt.

Maar ook de fysiotherapeuten, die ons soepel houden als we weer eens te lang hebben doorgewerkt op onze keukenstoel, horen op De Lijst. Relatietherapeuten die de lieve vrede bewaren.

Maar vergeet ook de verbinders en bruggenbouwers niet! Anders zouden we niet meer van A naar B kunnen, of de rivieren over. En de hele horeca – wie kookt en schenkt er anders voor ons? Er is nog plek genoeg op De Lijst.

Want er kan ook best wat af. Nu staat bijvoorbeeld de hele 'voedselketen' erop. Maar is ál het voedsel vitaal? Nee toch? Het lijkt mij dat de pastinaak, bosvruchtenthee en rijstwafels er zo vanaf kunnen.

Koffie mag er daarentegen wel wat prominenter op. Net als asperges, muntthee, chocola, bonbons, cacaobonen en iedereen die bij een chocoladefabriek werkt – bij sommige vitale producten kun je niet specifiek genoeg zijn.

Maar waarom stoppen bij beroepen en dingen? Moeten niet álle vitale zaken op De Lijst? Sinterklaas bijvoorbeeld. Of, zoals de Nieuw-Zeelandse premier Jacinda Ardern verordonneerde: de tandenfee en de paashaas?

Of steden! Zet Utrecht, Groningen, Rotterdam en Waddinxveen erop. Net als af en toe een verregend weekend, peper, zout, de bossen, de heide, de dieren, het gras, het strand, de zee en de branding. Dit is de kans om alles van waarde te benoemen.

Rest natuurlijk nog wel de vraag wat je doet als je níét op De Lijst staat. Wat als je koning bent, scrummaster, voetballer, product owner, agile coach, chapter lead creative content of dagvoorzitter?

Lieve mensen, ik snap dat jullie even in de put zaten toen jullie merkten dat je niet op de lijst stond. Maar kop op. Ook al heb je geen vitaal beroep – sommigen noemen dat zelfs 'een bullshitbaan' – je kunt toch altijd een vitaal *persoon* zijn?

Bijvoorbeeld omdat je belasting betaalt, je hond uitlaat, en van je kinderen houdt. Of omdat je een vriend bent, een kleinkind of de penningmeester van de voetbalclub. Misschien ben je trainer van blindengeleidehonden. Of mantelzorger, vrijwilliger, een dierbare collega. Of misschien sta je af en toe mooi te zingen, zomaar, met een gitaar voor een verzorgingshuis, terwijl de bewoners zachtjes meezingend staan te genieten.

Want dat is wél het voordeel van de coronacrisis geweest: dat we inzien dat de samenleving op zoveel méér draait dan op betaalde arbeid alleen. Dat het er niet om gaat wát je bent maar om wat je dóét. Dat het gaat om omzien naar elkaar en iets betekenen voor een ander. Als de coronacrisis ons íéts geleerd heeft, is het dat niemand overbodig is. Dat we niemand kunnen missen.

We staan allemaal op De Lijst.

HALLO, WEET IEMAND WAT 'GOVERNANCE' IS?

Wat is 'governance'? Iets met bestuur, iets met controle, lelijk jargon? Je hoort het woord in ieder geval vaak op je werk en het is vast heel belangrijk, maar iedereen heeft een andere definitie.

Met precies dát probleem zat Michelle Baesjou. Ze werkt als beleidsadviseur bij Hogeschool Saxion en bij het formuleren van de taken van haar team stuitte ze op het woord. Ze stuurde me een tweet met de tekst: 'Gezocht: de ultieme definitie van de managementterm governance #wiedurft #dtv.' Er kwamen allerlei reacties op, van 'duur lullen' en 'iets met stuurgroepen' tot 'toezicht' en 'integriteit'. Ik belde Michelle Baesjou of ze inmiddels al weet wat de ultieme definitie is.

Governance: jullie kwamen er niet uit.
'Klopt! We waren bezig met een *elevator pitch* voor ons nieuwe multidisciplinaire team – het Keten Competence Center, waarvan de werkgroep Governance een onderdeel is.'

Moment hoor, Keten Competence Center?
'Haha, ja, een ingewikkelde naam. Wat we doen is dat we op allerlei gebied, bijvoorbeeld roosteren en toetsen of personeelszaken en financiën, de organisatie ondersteunen en nieuwe oplossingen organiseren en coördineren.'

Elevator pitch is ook best een jeukterm.
'Is ook waar. Ik bedoel eigenlijk: kort uitleggen wat we doen. Maar goed, niemand wist governance eenvoudig te omschrijven.'

Ook de werkgroep Governance wist het niet?
'Natuurlijk wel, maar ze hadden geen korte, heldere omschrijving. Veel collega's legden het begrip anders uit en na er al twee keer om gevraagd te hebben, durfde ik eigenlijk niet zo goed door te vragen. Toen dacht ik, ik vraag het aan jou. We hebben hier intern overigens ook een grapje: als mensen niet weten wie een actie op moet pakken, dan komt het bij de werkgroep Governance terecht. Het is écht een heel brede term.'

Wat vond je zelf de beste vertaling, toen je de tweet stuurde?
'Ik denk "werkafspraken". Over bijvoorbeeld vakantiedagen en bezetting, maar ook over zaken als communicatie en hoe je nieuwe medewerkers inwerkt.'

Iemand suggereerde: 'gedragscode'. Wat vond je daarvan?
'Die vond ik te voorschrijvend. Net als "regels", dat is te beperkend. Het laat te weinig ruimte over.'

'Bestuur' werd genoemd.
'Dat vind ik dan weer te hoog klinken, te veel als iets wat vanuit de directie komt. Net als "sturing", trouwens. Dat is niet wat wij eronder verstaan, vanuit ons team. Wij zien governance hier als een veel losser kader.'

'Standaarden' werd ook geopperd.
'Dat vind ik meer een onderdeel van governance dan een synoniem dat de hele lading van het woord dekt, net als "structuur". "Toezicht" vind ik weer veel te controlerend, te streng. Wat ons betreft zit er ook meer het "borgen" in.'

Borgen, brrr...
'Haha, ja, ik bedoel: niet alleen voorschrijven, maar ook zorgen dat het goed *blijft* gaan. Vooruitkijken, dus. Iemand op Twitter noemde als suggestie voor governance: "bestuurdersreutelarij". Als je al die woorden hoort: verantwoording, bestuur, toezicht, structuur, dan snap ik wel dat mensen zeggen: dat is reutelarij.'

Een andere suggestie was 'integriteit'. Meer een morele definitie.
'Ja, dat viel mij ook op. Maar ook dat bedoelen wij niet. Ook weer te voorschrijvend.'

'Beheersbaarheid' werd genoemd, en de 'inrichting van de organisatie'.
'"Beheersbaarheid" zie ik meer als onderdeel van governance, bij "inrichting van de organisatie" denk ik meer aan een organigram.'

Bedrijfsvoering, wat vond je daarvan?
'Die sprak mij van alle suggesties eigenlijk nog het meest aan. Iemand hier opperde "bewaking van de besturing", maar dat klinkt ook weer te controlerend. "*Business control*", dat hier ook werd geopperd, krijgt algauw een te financiële lading.'

Maar ben je er ten slotte uitgekomen?
'Nou, eigenlijk nog niet! Bedrijfsvoering, facilitaire afspraken, werkwijze, de strategische koers in de gaten houden, bewaken: het zit er allemaal in. Mijn conclusie is daarom dat er niet één woord voor governance is.'

Iemand schreef op Twitter: 'Wat dacht je van: we weten het zelf ook niet en daarom noemen we het maar governance?'
'Haha, nee, dat is me te makkelijk! We gaan het woord toch gewoon breder omschrijven.'

WAAROM VROUWEN HOGE HAKKEN DRAGEN OP HET WERK – OF JUIST NIET

Al meer dan dertig jaar ben ik 1.84 meter en wat is het toch heerlijk om lang te zijn. Het geeft lucht op een drukke markt, zicht in het hoge gras en een hoger salaris op kantoor – lange mensen krijgen gemiddeld meer salaris dan kleine mensen. Ik kan het iedereen aanraden.

Vrouwen snappen dat. Die dragen hakken. Niet te lang – dat is slecht voor knieën, heupen en rug. Maar wie het zelfs maar even doet, ervaart de macht van de hak. Alsof je heel de wereld beter overziet.

Wat ik dan ook écht niet snap, is dat mannen geen hakken dragen, zeker de kleintjes. Hoe vaak ik het wel niet van ze heb moeten horen: 'Waarom draag je hakken als je al zo lang bent?!' Alsof er iets mis is met lange vrouwen. Maar ik denk dan ook altijd: ga ze lekker zélf dragen. Je kan het goed gebruiken. En er is geen wet die het je verbiedt.

Of nou ja, die is er wel natuurlijk. En dat is 'dat het niet hoort' voor mannen. Prince en David Bowie droegen hakken, maar de 'gewone' kantoorman wordt erom uitgelachen. Vraag maar aan Nicolas Sarkozy.

En dat terwijl de hak oorspronkelijk een uitvinding was voor mannen. Krijgers en ruiters droegen ze reeds bij de Oude Grieken om beter in de stijgbeugels te kunnen blijven. In de zeventiende eeuw waren in Nederland hoge hakken voor mannen nog in de mode. Ze gaven status. Dus waarom zijn mannen gestopt ze te dragen?

'Dat is een heel interessante vraag,' zegt de Amerikaanse journalist en schrijfster Summer Brennan als ik haar erover bel. Ze schreef het boek *High heel*, over de geschiedenis van de hak.

Hakken werden al langer geassocieerd met wiebelige, flauwvallende vrouwen, maar Brennan zegt dat ons denken over hakken in de jaren veertig, vijftig van de vorige eeuw pas écht 'dramatisch' veranderde door de stiletto – de stalen pin die hakken extreem hoog en dun kan maken. Die gaf de hak definitief een slechte naam bij mannen.

Want dat hakken je benen langer maken, je achterwerk naar achteren kantelen en je borst naar voren, dat kan zowel voor vrouwen als mannen aantrekkelijk zijn. Maar écht hoge hakken maken je kwetsbaar, doen pijn en laten je struikelen. Ze maken de drager ervan eigenlijk kleiner. En jezelf kleiner maken, dat doen veel mannen liever niet.

'Het is maar een theorie hoor,' zegt Brennan. 'Maar ik denk dat het geen toeval is dat juist toen vrouwen stemrecht hadden gekregen, massaler broeken gingen dragen en meer buitenshuis gingen werken, de stiletto in de mode kwam die hen juist weer kwetsbaarder maakte.'

Misschien is dat de reden waarom ook nu weer, in een tijd waarin opnieuw aan vrouwenrechten en het recht op abortus wordt gemorreld, de hoge hak populairder dreigt te worden, nadat platte sportschoenen voor vrouwen een tijdje in de mode waren. Vrouwen die zichzelf laten boeten en mannen die het mooi vinden?

Je weet het niet.

Wát de reden ook is, ik heb voor de zekerheid alvast al mijn stiletto's weggepleurd en ben op plateauzolen overgestapt. Want plateauzolen knellen niet, houden je knieën gezonder, maar geven je wel het gevoel dat je zweeft en de hele wereld aankan – ik raad het iedereen aan. Zowel vrouwen als mannen en dan vooral de kleintjes. Iedereen op een wat hoger niveau is sowieso fijner.

Zeker op kantoor.

GEEF JE BAAS EENS WAT VAKER EEN COMPLIMENT

Zijn er eigenlijk mensen tevreden over hun baas? Je zou bijna denken van niet, gezien het geklaag dat ik meestal over bazen van lezers in mijn brievenbus krijg. Maar eigenlijk geloof ik dat niet. Want zelf heb ik hartstikke leuke bazen gehad!

Bazen met wie ik in de kroeg zat, in een kano tijdens een bedrijfsuitje, met wie ik naar klanten ging, terwijl we in de auto alvast plannen smeedden hoe we ze zouden binnenhalen.

Maar ook bazen die ik zó bewonderde dat ik altijd moest stotteren als ik ze zag, of bazen met wie ik op een hotelkamer zat en alles bleef in het nette, want ze was een vrouw en ik heb zelden in mijn leven zo gelachen.

En dus vroeg ik het maar eens gewoon op Twitter, of er, net als ik, ook mensen zijn die dolgelukkig werden of worden van hun baas. En ja, dat bleek zo te zijn. Want natuurlijk bestaat dat soort bazen gewoon.

Van die bazen die je werk leuker maken, die licht brengen in je leven. Die je met rust laten als je dat nodig hebt, die ingrijpen als je te hard werkt, of je een zetje geven als je er even doorheen zit, las ik in de vele reacties. Het meest werden de woorden 'ruimte' en 'vertrouwen' genoemd om al die ideale bazen te typeren.

Dat je de ruimte van ze krijgt om nieuwe dingen uit te proberen, maar ook het vertrouwen dat het vervolgens goed komt. Goede bazen schrikken niet meteen als iets misgaat.

Maar ze kunnen ook tegen kritiek, zorgen voor een 'veilig klimaat' waarin je kritiek dúrft te geven, luisteren naar argumenten, komen voor je op, gaan voor je door het vuur én beschermen je in slechte tijden. Een goede baas is een 'hitteschild', schreef een lezer, tegen nog hogere bazen.

Mooi vond ik dat.

Maar bazen worden ook gewaardeerd als ze eerlijk toegeven dat ze fout zitten én, heel belangrijk, als ze je een compliment geven als je dat verdiend hebt. Een goede baas gunt je het applaus, luidde een van de reacties – en ik maar denken dat elke baas dat automatisch doet.

Overigens werd er nog wel wat gepruttteld over het *woord* 'baas' in de reacties. Een aantal lezers vond het ouderwets, en liet weten dat een échte baas juist geen baas is, maar tússen het personeel staat en 'dat een hond een baas heeft, niet een mens', maar ik ben het daar niet mee eens. Ik vind het juist een eer als iemand je baas wil zijn en voor jou de verantwoordelijkheid neemt.

Niet dat alles overigens prettig is aan een goede baas, zo bleek ook uit de reacties. Een goede baas is namelijk ook eerlijk, realistisch en kritisch, en zegt niet altijd wat je wilt horen. 'Dat is fijn, maar niet altijd leuk,' analyseerde iemand.

Ook heel irritant is dat goede bazen geen genoegen nemen met wat je doet, maar je durven uitdagen om iets nieuws te proberen. Ze geven je een schop onder je kont. De beste bazen, schreef iemand, waren bazen 'die meer in me zagen dan ik zelf gezien had'.

Is een goede baas inhoudelijk ook sterk? Zelf denk ik van wel. Ik vind het fijn om tegen een baas op te kunnen kijken en dat vonden meer mensen. 'Mijn baas heeft kwaliteiten die ik ook wil krijgen en na kan volgen,' schreef iemand waarderend.

Toch vind ik het zelf ook steeds belangrijker worden dat een baas voor een goede sfeer zorgt, voor een familiegevoel, en ook dat werd genoemd in de reacties. Dat ze 'echt verdrietig' met je kunnen zijn, maar op z'n tijd ook 'kinderlijk speels', schreef een mij dierbare twitteraar, en ook dat ze privégrenzen weten te bewaken, zodat je ze blind durft mee te nemen naar een borrel zonder dat ze zich te schande maken. Voor een baas met humor en zelfspot ga ik sowieso door het vuur. Er zijn zelfs mensen die met hun baas trouwen, zo las ik. Euh, ja. Dat kan natuurlijk ook nog.

De bazen die ik zelf het leukste vind, zijn bazen bij wie ik graag in de buurt wil zijn, die ik graag wil aanspreken, van wie mijn hart altijd even een huppeltje van geluk maakt als ik ze zie. Mijn lievelingsbazen maken me blij. Een slechte baas kan je dag verpesten, een goede baas kan de reden zijn waarom je elke dag weer naar je werk komt.

Van die bazen bij wie je 'opziet tegen het moment dat ze met pensioen gaan', zoals mensen schreven, voor wie 'een tweet te weinig ruimte is om te zeggen waarom ik ze zo waardeer', van die bazen die je nu zou willen bedanken omdat je dat destijds niet voldoende hebt gedaan – 'ik heb gewoon de baas van mijn leven!' schreef iemand, en 'ik mis hem nog elke dag', zei een ander. Dat vond ik ontroerend om te lezen.

Weet je wat? Laten we dat gewoon doen. Laten we, als we vinden dat we goede bazen hebben, ze nú een compliment geven. Want zijn ze zélf wel altijd gelukkig? Ik denk dat ze best vaak eenzaam zijn.

En dan is er nog het afbreukrisico – elke goede baas heeft een houdbaarheidsdatum. Als bazen íéts moeten aanvoelen, is het wel het juiste moment om weg te gaan. Dan kan de mythevorming beginnen, en het grote missen.

Hoe langer goede bazen weg zijn, hoe beter ze worden.

VIJFTIGERS HEBBEN HET ZWAAR OP HET WERK

Zelf vind ik dat het best lekker gaat op m'n werk. Maar je hoort wel eens van die verhalen dat als je boven de vijftig bent en geen 'leidinggevende functie' hebt op kantoor, het daarna snel bergafwaarts zal gaan.

Nu hoor ik jullie zeggen: wat heeft dat met jou te maken, jij bent toch nog lang geen vijftig? En dan zeg ik: dank voor het compliment, maar de waarheid is dat ik onlangs toch écht vijftig geworden ben en dan ga je je allemaal dingen in het hoofd halen. Want ik heb nog nooit een leidinggevende functie gehad en ik kan eigenlijk alleen stukkies tikken, en zelfs daarover verschillen de meningen enorm.

En dus dacht ik: ik geef júllie elke week carrièreadvies, laat ik voor deze ene keer de rollen eens omdraaien en jullie om advies vragen. Hoe het verder met mij moet in 'de herfst' van mijn loopbaan – dat is een term die ik vaak hoor als het over vijftigers gaat – en hoe jullie het leuk houden op je werk na je vijftigste.

Nou, dat heb ik geweten. Jullie hebben massaal gereageerd. Allereerst dank daarvoor, dat deed me goed.

Maar om nou te zeggen dat ik er iets aan had, nee. En rustiger werd ik er al helemaal niet van, integendeel.

Want natuurlijk waren er mensen die schreven dat ik me écht geen zorgen hoefde te maken, voor hen was er ook niks veranderd toen ze vijftig werden. Sterker nog, het was voor hen alleen maar beter geworden. Er waren er zelfs die na hun vijftigste nog promotie hadden gemaakt, dat zou voor mij vast ook gelden.

Want vijftigers 'weten meer' en zijn 'zekerder van hun zaak', zo las ik in de reacties. Boven de vijftig is 'je proeftijd voorbij', word je gezien als 'volwassen denker', heb je 'minder stress' omdat je 'meer ervaring, meer kunde, handigheid, mensenkennis, zakenkennis en inzicht' hebt en laat je je 'minder snel gek maken'. 'Je wordt grijzer en langzamer. Maar je hebt vanaf nu wel altijd gelijk,' schreef iemand.

Na je vijftigste is het ook de tijd om wat vaker nee te zeggen tegen je baas, was de mening. Tijd voor de *'fuck it list'*, zoals een lezer het noemde. Tijd om dingen te gaan doen die je zélf graag wilt. Doen alsof je meewerkt, maar ondertussen gewoon je eigen plan trekken.

En die '"web-savvy" millennials, daar moet je je vooral niet door laten intimideren', schreef een lezer, 'die in twee seconden een powerpoint in elkaar draaien. Ze doen ongeveer honderd uur over het lezen van stukken, terwijl jij eigenlijk al weet wat erin staat.'

De uitdrukking 'herfst van mijn carrière' werd al helemaal weggehoond. Herfst? Vanaf je vijftigste zit je nog volop in een bloedhete zomer, vonden lezers. Door klimaatverandering natuurlijk, maar ook omdat het mooiste nog moet komen. Ik moest wél nog even mijn begrafenispolis controleren, 'of alles vergoed werd'. Maar verder zouden er gouden tijden voor me aanbreken. Heel geruststellend.

Maar zoals dat gaat met reacties van lezers – de negatieve geluiden bleven veel langer hangen en maakten ook meer indruk. Dat het 'kudt' was om vijftig te worden en dat het daarna alleen maar erger werd, zoals lezers schreven. Ik had geen idee dat het zo zwaar was voor vijftigers op kantoor, respect!

Mensen die na hun vijftigste geen aansluiting meer vonden, jonge collega's die aan hun stoelpoten zaagden. Mensen die ziek waren geworden. Gelukkig wist ik al dat gezondheid het allerbelangrijkste is in het leven, maar het hakte er toch in.

Maar ik werd pas écht nerveus van al die mensen die me aanspoorden om 'te blijven vernieuwen' en 'op zoek te gaan naar nieuwe horizonten'. Toen ik al die reacties las, leek het wel of vijftig worden automatisch betekent dat het roer helemaal om moet.

Ga een studie volgen, schreven lezers, dat hadden zij ook gedaan. Deels vrijwillig, maar ook, en daar schrok ik van, onvrijwillig. Want een aantal mensen was rond hun vijftigste boventallig verklaard. 'In tijden van crisis ben je opeens oud,' schreef een lezer.

Een aantal had daarna heel makkelijk weer iets nieuws gevonden. Sommigen konden zelfs kiezen uit meerdere banen. Maar er waren er ook die me eerlijk vertelden dat ze al honderd keer hadden gesolliciteerd tussen hun 48ste en 53ste. Die hadden moeten interen op hun spaargeld.

Die waren noodgedwongen zzp'er geworden. En verkochten nu fietsvakanties in Thailand. Ook leuk, maar toch.

En dus ben ik nu op zoek. Naar een nieuwe studie, een nieuwe liefde, een nieuwe hobby (gitaar leren spelen), en een nieuwe functie – een talkshow misschien, of 'een coachingpraktijk'. Iets met 'agile werken', een minicamping.

Ik vrees dat ik ook naar het buitenland moet verhuizen, dat hadden ook veel vijftigers gedaan. En die waren nu gelukkiger dan ooit en werkten minder en verdienden meer – heel irritant. Ik slaap al een week niet meer en heb gesprekken met dertig loopbaancoaches ingepland. Bedankt, jongens.

Ik zal jullie nog eens om advies vragen.

WAT ZOU JIJ DOEN MET EEN PAAR MILJOEN?

Als ik kantoortijgers íéts van harte kan adviseren, dan is het wel om zo snel mogelijk de Staatsloterij te winnen. Dan kun je op je werk lekker zelf je tijd indelen en hoef je nooit meer naar je manager te luisteren: ideaal.

Maar ook als gedachte-experiment is zo'n geldprijs heel fijn. Denk je eens in, je wint zeven miljoen: zou je lachend een emmer water over je baas gooien en langzaam weglopen, om nooit meer terug te komen? Of zou je het stilhouden en elke dag met een paar kratten champagne voor je collega's op kantoor verschijnen? Het is heel nuttig te weten waar je staat.

De Staatsloterij speelt daar handig op in, dat kantoortijgers dromen van een paar miljoen. Ze hebben reclames met tropische stranden waar je heerlijk kan wegdromen. Vooral als je in je kantoortuin in Waddinxveen zit, naast een troosteloze snelweg.

Maar de 'droomsalarisprijs' van de Staatsloterij, die twee keer per jaar wordt uitbetaald, speelt wel héél geniepig in op de werkende mens die gek wordt op zijn thuiswerkplek. In die spot zien we een jongen 's avonds laat in zijn eentje op kantoor nog wat kopiëren voor zijn baas. Maar dat geeft niet, hoor je hem denken, want hij wint straks toch die prijs – tienduizend euro per maand, dertig jaar lang.

Ik belde met Shirley Kind, manager bij de Staatsloterij, om te vragen wie dat gemene spotje bedacht heeft.

Wat een gemeen reclamespotje!
'Haha, nou, ik zie het niet meteen als gemeen. Maar het is natuurlijk wel een prijs die heel direct relateert aan je huidige situatie.'

Nooit meer werken, dát is de boodschap.
'Je kán stoppen met werken als je deze prijs wint. Maar wat we vooral willen zeggen, is dat het gewone leven leuker wordt met deze prijs. We blijven in deze spot bewust weg van de loterijclichés van Ferrari's of grote boten. We trekken het dichtbij.'

Het échte geluk zit niet in een grote auto en dito salaris, maar in vrijheid.
'Precies. Zelf de regie over je leven hebben, zelf bepalen wat je doet. Daar gaat dit over.'

Wie heeft deze prijs bedacht?
'Het was in 2012, maar we weten niet meer door wie. Het idee is intern ontstaan.'

Elke maand tienduizend euro. Dat is slimme marketing. Het klinkt haalbaar om te winnen.
'In Amerika heb je natuurlijk van die enorme jackpots, soms met honderden miljoenen. Maar daar zijn we hier in Nederland te nuchter voor, denk ik. Tienduizend euro per maand is net zo'n prijs waarvan mensen denken: dat zou ik ook kunnen winnen en áls ik dat doe, hoef ik niet te veel aan mijn leven te veranderen.'

Het is een heel Hollandse prijs.
'Haha, ja.'

Hoe groot is de kans dat ik win?
'Dat ligt aan het aantal verkochte loten.'

Maar een slag in de lucht: één op de drie miljoen, één op de twee miljoen?
'Ik neig meer naar de één op de miljoen. Maar neem de trekking op 1 juli, toen deden er ongeveer 1,6 miljoen lotnummers mee.'

Maar deze prijs kan maar één iemand winnen.
'Ja. Maar het gevoel dat het kán, dat is ook heel veel waard. Iemand gaat winnen. Dat blijft iets magisch.'

Moeten jullie er niet eerlijk bij zetten dat de kans heel klein is dat je hem wint?
'De hoofdprijs gaat naar dat ene lot. De kans op een prijs, we hebben ook nog andere geldprijzen bij deze trekking, is 51,2 procent.'

Je zou er een disclaimer bij kunnen zetten: 'Pas op, de kans is klein dat u wint.'
'We zijn transparant over de prijzenpot; als je meespeelt met de Staatsloterij weet je dat jij net zoveel kans maakt als al die anderen die meedoen. Doe je liever niet mee, dan weet je zeker dat je geen kans maakt.'

Wat gebeurt er als je wint?
'Als je online meespeelt, word je automatisch gebeld en anders moet je je eerst kenbaar maken. We nodigen je dan uit op ons kantoor. Prijswinnaars worden door ons begeleid. We noemen dat "eerste hulp bij geluk".'

Dat lijkt mij een heerlijke baan!
'Haha, ja. Ze helpen met financiële planning en ondersteuning.'

Stoppen de winnaars met werken?
'Nee, meestal kiezen ze voor meer vrije tijd, een mooie auto, een nieuwe keuken, meer op vakantie. Uit breder onderzoek blijkt dat slechts 17 procent zijn baan opzegt.'

Ook heel Nederlands.
'Ja, geen Ferrari's.'

TRAKTEREN? DAT IS HEEL BELANGRIJK OP KANTOOR

Zelf vind ik trakteren een van de hoogtepunten van het werken op kantoor, maar ik wist niet goed hoe jullie daar over denken in deze tijden van flexibilisering en de opkomst van de zzp'er.

Nou, daar had ik me geen zorgen over hoeven maken, zo bleek al snel toen ik er op Twitter eens naar informeerde – trakteren is nog altijd springlevend op kantoor, met de Bossche bol fier aan kop als favoriete traktatie.

Voor de mensen die nú al hun maag voelen rommelen is dit een goed moment om te stoppen met lezen of om zelf even een Bossche bol naar binnen te schuiven. Want man man man, die suggesties van jullie. Ik heb bij het lezen ervan al honderd vuilniszakken cassavechips en twintig slagroomtompoucen weggeknaagd. En ik had nog steeds honger.

Van alle taarten en gebak die genoemd werden natuurlijk. Dus: appeltaart, appelkanjers, dadeltaart, frambozentaart, bokkenpootjestaart, madeleines, custardcakejes, bananenbrood, brownies, stroopwafels, hazelnootkoek, soesjes, tompoezen, saucijzenbroodjes en worstenbroodjes.

Maar ook traktaties die ik écht niet zag aankomen klonken me prima in de oren, zoals haring met uitjes, kroketten ('die bak ik thuis even, in de airfryer'), 'warme vleeshapjes, uiteraard ook met vega-opties', frites, oliebollen, bitterballen, erwtensoep, 'grote schalen met lasagne die ik op het werk laat afbakken', en 'zelfgemaakte sushi'.

'Zelfgemaakt' blijkt sowieso een streepje voor te hebben. Maar het is ook prima als je even langs de lokale detaillist loopt – zo werd ik als rampbakker gerustgesteld – voor zakken minireepjes, Vietnamese loempia's, pepernoten, 'karrenvrachten drop', salmiaklollies, chips, gevulde speculaas, perenijsjes, raketjes, of 'zomaar een grote, dure taart die de calorieën waard is'.

Want ja, calorieën – die moeten er dus wel in zitten, zo vond de meerderheid. Er zijn weliswaar steeds meer mensen die tegenwoordig ook wat 'gezonde opties' serveren, en uiteraard hou je rekening met mensen die glutenvrij eten. Maar het idee van trakteren blijft toch dat je je erna misselijk voelt en schuldig. En dat je er altijd nét te veel van eet.

Traktaties moeten dus ook lékker zijn. Dus liever geen Limburgse rijstevlaai, zo vonden veel lezers – sorry Limburgers – en al helemaal niet van de Multivlaai. Ik geef het maar even door.

Dan de vraag: wíé trakteer je op kantoor? Dat wisselt. Er zijn mensen die grote logistieke operaties niet uit de weg gaan en 'het hele bedrijf' trakteren op bonbons of hamburgers (!), maar de meeste kantoortijgers houden het kleinschaliger en trakteren de afdeling.

Het leukste vond ik de mensen die er echt even een 'centraal taartmoment' van maken – je zou ze de jeukterm bijna vergeven. Er was zelfs iemand die zijn verjaardag had gevierd met een powerpoint, een prijsvraag, een speech en een prijsuitreiking na afloop – die heeft het begrepen. Collega's die 'een paar koeken in de koffiehoek flikkeren en dan een mailtje sturen dat ze jarig zijn' – dat vinden de meeste mensen toch wat kaal.

En een aanleiding om te trakteren? Die is niet eens altijd nodig, vonden veel lezers. Natuurlijk zijn geboortes leuk, trouwerijen, verhuizingen, de geslaagde lancering van een website, de eindexamens van de kinderen.

Maar 'als de uitslag van een enge scan meevalt' is eigenlijk een veel betere reden. Of gewoon 'omdat de zon schijnt', 'omdat het licht in het kantoortoilet weer werkt', 'omdat het donderdag is', of 'om alle mislukte projecten van het afgelopen jaar te vieren'. 'Er is altijd wel een gelegenheid om te trakteren,' schreef een lezer, 'en de paaseitjes rammelen alweer aan de deur.'

Maar de béste reden om te trakteren vond ik toch wel die van de lezer die schreef dat het zonde is om iets níét te vieren op kantoor want 'je weet maar nooit'. Die lezer snapt dingen. We zíén het vaak niet, maar het is natuurlijk wel zo: wat we nu hebben komt nooit meer terug en even samen een bakkie pleur drinken met je collega's is het mooiste wat er is.

Vier dus alles op kantoor – grijp het moment, vier het

voor het te laat is en sla geen dag over. En dat bedoel ik niet als een somber memento mori maar als een bruisend carpe diem. We zouden elke dag moeten trakteren. Want laat je niks wijsmaken: niets is zo belangrijk als samen het leven vieren.

Waarom zou dat op je werk niet zo zijn?

ZOENEN IS HEERLIJK, MAAR NIET (MET IEDEREEN) OP KANTOOR

Het is misschien een beetje gek om te zeggen, maar de coronacrisis heeft ook voordelen gehad. Dat we niet meer elke dag verplicht in de file hoeven naar ons werk. Dat de kantoren een stuk minder vol zijn nu we wat meer afstand van elkaar moeten houden. Dat we in kleinere groepen vergaderen of dat via de Zoom doen – waar je de camera uit kunt zetten en lekker verder kunt met je eigen werk. Om er maar een paar te noemen.

Maar ook het zoenen op kantoor vind ik een voordeel – dat we dat niet meer hoeven. Dat je een collega kunt feliciteren met haar of zijn verjaardag door gewoon te zeggen 'gefeliciteerd' in plaats van de drie plichtmatige smakkerds op de wang. Dat we de nieuwjaarszoenen kunnen vervangen door een sayonara-gebaar.

Ik deed dat trouwens al heel lang niet meer, zoenen op kantoor en daarbuiten. Ik bokste. Kinderen, vrouwen, mannen, m'n katten, m'n baas – even de vuist naar voren en de ander aantikken – heerlijk. Ik wou dat ik het altijd gedaan had.

Want de ploppende drieklapper. Het onhandige gebots met jukbeenderen en brillen. Het bukken (ik ben 1,84 meter) en dan het verontwaardigde: 'Je hoeft voor mij écht niet door de knieën, hoor.' Ja hallo, hoe moet ik anders bij je wangen komen als jij 1,70 meter bent?! O man.

En dan heb ik het nog niet eens gehad over het 'aftershaveprobleem'. Vrouwenparfums kunnen ook vies zijn, maar de verschraalde ouwemannentoiletlucht die ik bij sommige heren tegenkwam, brrr. Als je door zo'n man gezoend werd, bleef het nog uren op je wangen hangen. Afschuwelijk.

Begrijp me niet verkeerd: zoenen is heerlijk. En als het straks weer 'mag', ga ik het zeker weer doen! Maar dan wel als ík dat wil. En niet omdat dat moet omdat ik een vrouw ben.

Want dat was natuurlijk het grootste probleem met al dat gezoen: vrouwen waren altijd de klos. Mannen hoefden alleen de vrouwen, maar vrouwen moesten iedereen zoenen! Je reinste discriminatie.

'Heel goed dat je daar eens aandacht voor vraagt,' zegt historica Ileen Montijn als ik haar erover bel. Juist vrouwen moeten stoppen met iedereen te zoenen, vindt zij, omdat het volgens haar het zoveelste voorbeeld is dat veel vrouwen willen 'pleasen'.

'Wie onzeker is, gaat zoenen,' zegt Montijn. 'Veel vrouwen zijn namelijk bang dat ze anders niet aardig genoeg, niet enthousiast genoeg worden gevonden. Als je ermee stopt, laat je zien dat jij bepaalt wat er gebeurt én reken je af met het cliché dat vrouwen knuffelbaarder en gewilliger zouden zijn dan mannen.'

De zoen als groet is überhaupt aan inflatie onderhevig, vindt Montijn. Ze schreef erover in haar boek *Leven op stand 1890-1940*, over het huiselijk leven van de Nederlandse hogere kringen. Volgens haar kwam de zoengroet pas in zwang na de handdruk, en dat was pas lang na WO II.

Grofweg ging het van helemaal geen contact bij een begroeting – een knikje, een kleine buiging (een beetje zoals nu) – naar een handdruk, en vervolgens naar één, twee, zelfs drie zoenen. Hogere en artistieke kringen namen daarin het voortouw en de televisie (vanaf de jaren zestig) deed de rest, aldus Montijn – daar zoende in de hoogtijdagen iedereen elkaar. Ik hield mijn hart vast wat de volgende stap zou zijn: gedeeltelijke ontkleding? Tongen? Maar goed, daar heeft het coronavirus dus een stokje voor gestoken.

Montijn dacht al dat het niet zo'n vaart zou lopen. Ze zag ook vlak voor de coronacrisis steeds vaker één zoen in plaats van drie. Hoewel. Ze zag ook steeds vaker mannen elkaar zoenen als begroeting, een gewoonte die was overgewaaid uit de buitenlanden. Kijk naar de maffia, daar zoende ook iedereen.

Het zou dus zomaar kunnen dat uiteindelijk ook in Nederland iedereen elkaar gaat zoenen. Dat zou een stuk gelijkwaardiger zijn. Maar laten we dan wel een oplossing bedenken voor het aftershaveprobleem.

Tot die tijd zeg ik 'namasté', met een kleine buiging en de armen gekruist voor de borst. Daarna misschien ooit weer boksen.

DIT IS HET BESTE ADVIES VOOR JE CARRIÈRE

Als je Nederlanders op de kast wilt krijgen, moet je aan jongeren vragen welke studie ze zouden kiezen: de opleiding muziek, waarmee je uiteindelijk gemiddeld 30.500 euro per jaar kunt verdienen, of de opleiding econometrie, waarbij dat 94.900 euro is.

Dat merkte uitkeringsinstantie UWV toen ze die vraag aan mbo-studenten stelde. Het hele land boos. Want hoe háálde het UWV het in het hoofd? Alsof geld verdienen een motief is om een studie te kiezen! Alsof iedereen muziek of econometrie kan studeren en talent of aanleg geen rol speelt! Of het UWV weet wat een burn-out kost als je een studie kiest uitsluitend om de carrièrekansen en daarna ongelukkig wordt. Enzovoort.

Natuurlijk vond ik het zelf ook een maffe vraag. Want dan zou je ook kunnen vragen of je eerder voor een dikbetaalde baan in de advocatuur of in het notariaat zou kiezen dan voor een hongerloontje in de thuiszorg of bij de politie. Maar ik snapte het UWV ook wel weer. Want daar moeten ze alle uitkeringen betalen en zien ze natuurlijk met lede ogen aan hoe jongeren hun studiekeuze soms op het programma *The Voice of Holland* baseren met als gevolg dat ze uiteindelijk worden opgeleid 'voor de bijstand'.

Ik werd ook wel benieuwd hoe júllie dat ooit deden: hebben jullie je studie met 'je hart' of met 'je verstand' gekozen, en hoe pakte dat uit? En dus vroeg ik het op Twitter.

Er reageerden mensen die lang geleden hun hart hadden gevolgd en een studie kozen waarmee uiteindelijk geen droog brood te verdienen viel – denk aan de kunstacademie of geschiedenis. Prima om je hart te volgen, vonden zij, maar er zijn grenzen. Natuurlijk geeft het stress om een opleiding te volgen waar je hart niet ligt, 'maar te weinig geld hebben geeft ook een hoop stress', schreef een van hen.

Er reageerden ook mensen die hun 'verstand' hadden gevolgd, voor een 'degelijke' opleiding gekozen hadden waar ze weinig voor voelden, zich jaren door de boeken hadden geworsteld, uiteindelijk in een saaie baan waren beland en zich alsnog moesten omscholen. Zoals de moleculaire wetenschapper die theaterprogrammeur werd of de informaticastudent die nu een tattoostudio heeft: liever hadden zij meteen hun hart gevolgd.

Niet dat de mensen die dat wél gedaan hadden nou allemaal zulke succesnummers waren geworden. Integendeel. Daar hadden er best veel van moeten sappelen en ploeteren, als schrijver, als historicus of als taalwetenschapper. Maar die klonken nu wel gelukkiger. Overigens schreven er ook mensen die met hun hart gekozen hadden voor een sector waar genoeg werk te vinden was. Dat kan dus ook, UWV: met je hárt kiezen voor econometrie.

'Baangarantie' zegt ook niet alles. Dat schreven mensen die ooit was afgeraden leraar te worden omdat er geen werk was in het onderwijs, en moet je nú eens kijken. Of mensen die de IT juist was aangeraden, maar voor wie er midden in een economische crisis geen banen bleken te zijn. Kies daarom nooit voor 'baangarantie' alleen, want niemand kan in de toekomst kijken.

Misschien was het slim om een 'degelijke studie' te kiezen – rechten, economie – dan kon je daarna nog alle kanten op? Oók weer niet, vonden velen. Want dan heb je én een saaie studie én daarna mogelijk ook nog een saaie baan – dan ben je twee keer de pineut. Je kunt beter twéé studies doen, vond men, eentje voor het hoofd en eentje voor het hart. Maar dat was onder het huidige leenstelsel helaas niet meer mogelijk. En zo leek het beste advies dus toch: kies je studie met je hart. Dan was bovendien de kans groter dat je later succesvoller zou zijn in je werk, dacht men.

Wat je in ieder geval nóóit moet doen: naar je ouders luisteren. Daar komt alleen maar ellende van, zo las ik. Mensen die dolgraag de kunstacademie hadden willen doen, maar van hun ouders fiscaal recht moesten gaan studeren en nu doodongelukkig werden. Maar ook mensen die van hun ouders juist hun hart moesten volgen en nog steeds geen huis konden kopen. Kies dus in ieder geval zélf, leek de conclusie.

Maar zelfs als dát niet lukt, kun je nog ergens terechtkomen. Kijk naar mij. Ik ging economie studeren omdat mijn moeder een 'degelijke studie' voor me wilde; volgde blind het advies van een goede vriend die vond dat ik de journalistiek in moest en belandde uiteindelijk bij NRC om verhalen te schrijven – wat ik als kind al heel graag deed.

Dat kan dus ook: doe gewoon maar wat, luister naar mensen die je kennen, wees dankbaar dat je kúnt studeren, zoek uit waarvan je in vuur en vlam raakt en blijf hopen op mazzel.

Maar het beste advies is, denk ik, dat je moet accepteren dat er periodes zijn dat je móét werken omdat je anders geen geld hebt, en dat je als je jong bent vaak nog niet weet waar je hart ligt. Dus ja, zeker je hart volgen, altijd.

Maar hou je hoofd er vooral bij.

EEN SECRETARESSE? DAT IS HOPELOOS OUDERWETS

Wat ik laatst nou weer hoorde. Dat de functietitel 'secretaresse' niet meer kan. Hopeloos ouderwets, zo las ik in een persbericht van Fons Scheltema. Hij is eigenaar van Assistant2, een bureau dat 'managementassistenten plaatst, begeleidt en ontwikkelt'. Hij was nota bene in de jaren tachtig een van de bedenkers van de Nationale Secretaressedag – en nu wil hij er van af. Want dat ene bloemetje per jaar zegt niks, vindt hij. Een goede baas bedenkt elke maand een attentie voor de secretaresse. Hij ziet liever dat Secretaressedag een opleidingsdag wordt – daar hebben ze tenminste iets aan in hun carrière. Maar belangrijker is dat hij af wil van de functietitel 'secretaresse'.

Wat is er mis met 'secretaresse'?

'Nou, niks met de persoon natuurlijk. Maar de benaming klopt niet meer. Wij merken al jaren dat de functie significant verandert en dat blijkt ook weer uit een enquête die we onder de doelgroep hebben laten uitvoeren door de Universiteit van Amsterdam. De functie wordt steeds inhoudelijker en de term "secretaresse" wordt als ouderwets ervaren en denigrerend. 98 procent van de ondervraagden wil er van af.'

Wat is er zo denigrerend aan 'secretaresse'?
'Het wordt nog veel te veel geassocieerd met wat ze vroeger deden, namelijk koffie halen, notuleren en de telefoon opnemen. Dat doen ze al heel lang niet meer.'

Ik mag hopen dat een secretaresse nog wel de telefoon aanneemt.
'In ieder geval een stuk minder dan vroeger. Dat doen veel leidinggevenden nu zelf. Met de komst van de mobiele telefoon en de laptop/tablet is er veel veranderd. Ik haal mijn koffie ook altijd zelf. Dan hoor je nog eens wat, blijf je in beweging en weet je tenminste zeker dat ze er geen enge poedertjes in gooien, haha.'

Wat doen secretaresses tegenwoordig?
'Ze staan veel meer op gelijke hoogte met hun baas, ze denken met haar of hem mee, beheren de agenda, fungeren als klankbord, ze boeken reizen, maken presentaties, spreken andere talen, bemiddelen bij ruzie in het bedrijf, ze moeten ook cijfers kunnen lezen – het gaat inmiddels om een heel andere functie. Dan zeggen wij: noem het dan ook anders.'

Wat stel jij voor als alternatief?
'Ik zou zeggen: "assistant".'

Hè ja, in het Engels natuurlijk weer.

'Van mij hoeft het niet per se in het Engels, ik had zelf bijvoorbeeld "ondersteuner" bedacht.'

Dat klinkt meer als een revalidatiecentrum.

'Haha, nou, veel bedrijven hebben ook wel wat weg van een revalidatiecentrum. Maar goed, dat is dus ook niks. Het woord "assistant" daarentegen vinden veel mensen aantrekkelijk klinken.'

Het betekent gewoon 'assistent', hoor.

'Ja, weet ik. Maar ik merk dat mensen er trotser op zijn om "assistant" te zijn dan 'assistent'. "Management-assistent" en "office-manager" hoor ik ook veel. Dat is ook wat ze doen, hè, een kantoor runnen.'

Een kantoormanager dus.

'Ja, maar dat klinkt minder flitsend. Denk ook aan de kroeg! Als daar een voorstelrondje wordt gehouden en iedereen komt met "product owner", "chief happiness officer" of "content marketeer", dan krijgen ze "secretaresse" bijna niet meer uit hun strot. Bovendien zegt dan altijd iemand: "O, jij haalt de koffie." Geloof me, dat werkt niet.'

Kunnen we geen ander woord verzinnen dan 'assistant'?

'Ik heb alles al voorbij laten komen. "Alleskunner", "multitasker", "externe harde schijf", "spin in het web".'

Die vind ik altijd zo eng, spinnen in het web! Alsof ze zitten af te wachten tot ze hun collega's kunnen uitzuigen.
'Precies! Maar ja, het moet wel anders. We merken namelijk dat ook werkgevers niet meer op "secretaresses" zitten te wachten, omdat het een veel te smalle omschrijving is van wat de functie tegenwoordig daadwerkelijk inhoudt. Mensen die zich zo blijven noemen, komen de komende jaren zonder werk te zitten.'

Ik vraag me af of de verandering van een functietitel het imago van het vak kan opkrikken. Leraren werden ook een tijdje 'coach' of 'procesmanager' genoemd en werksters 'interieurverzorgers', maar hun imago is er ook niet beter op geworden. En zo slecht gaat het nu ook weer niet met de secretaresse. Uit onderzoek van het Researchcentrum voor Onderwijs en Arbeidsmarkt (ROA) staat in een imagolijst van 138 beroepen de secretaresse op 73 en de directiesecretaresse op 63.

Misschien moet je secretaresses beter betalen, dan volgt vaak vanzelf een beter imago. Bij leraren zou dat ook helpen.
'Dan krijg je mensen die het voor het geld gaan doen en niet vanuit hun passie.'

Passie is een beetje een vies woord.
'Haha, nou, vanuit het hart dan, of iets doen met vuur en vlam. Ik zou zeggen, geef het gewoon tijd. En laat het ROA

onderzoek doen naar het imago van “assistant”. Je zal zien dat die functie de komende jaren enorm stijgt in de ranking.’

DIT IS HET ERGSTE JARGON IN DE RECHTSPRAAK

Je hebt dorre, stoffige rechters die vanuit hun ivoren toren over de burger oordelen – Joyce Lie is anders. Zij is rechter bij de rechtbank Oost-Brabant, waar ze elke dag over vertelt op Twitter, en staat midden in de samenleving. Haar missie is de rechtspraak voor iedereen begrijpelijk te maken. Daarom bedacht ze, samen met de landelijke werkgroep Klare Taal van de rechtspraak, een prijs: de Klare Taalbokaal, voor het duidelijkst geschreven vonnis van het jaar. Die wordt elk jaar uitgereikt en ik zat zelf ook ooit in de jury. Ik belde haar over haar missie: rechtspraak zonder jargon en jeukwoorden.

Vonnissen zijn soms zo droog – niet om dóór te komen als leek.
'Ja, dat moet dus anders.'

Mijn favoriete schrijver Michael Connelly schrijft heel sappig over rechtszaken. Het kan dus wél.
'Een vonnis is geen entertainment, het hoeft geen jon-

gensboek te worden. Maar ik vind wel dat het toegankelijk geschreven moet zijn, zodat iedereen het makkelijk kan lezen.'

Hoe schrijf je saaie materie helder op?
'Het ís dus niet saai, dat is het misverstand. Wat ik op Twitter probeer te laten zien is dat heel veel zaken veel interessanter zijn dan je denkt, en vooral dat ze ons allemaal aangaan.'

Zaken zijn vaak ingewikkeld.
'Rechters zeggen dat soms ook tegen me: dit is te ingewikkeld om helder uit te leggen. Dat klopt niet, je kunt álles helder uitleggen. En dat moet ook, want je schrijft voor de burger, niet voor de rechters of voor de advocaat.'

Het winnende vonnis van de Klare Taalbokaal ging ooit over drugsafval in een weiland. Dat had ik zelf sexyer opgeschreven.
'Een rechter moet zich aan de gepresenteerde feiten houden en reageren op het verweer. Hij kan het natuurlijk niet spannender maken op punten waar de zaak niet over gaat.'

Het is ook een vrij lang vonnis.
'Soms wordt een vonnis langer als je juridisch jargon wat beter uitlegt. Dat vind ik niet erg. Als het maar helder is.'

Je noemt jezelf op Twitter een 'taalzeloot', een taalfanaticus. Voer je een heilige oorlog?
'Bijna wel, haha. Ik hou erg van taal. Maar het is ook een noodzakelijke strijd, vind ik. Zeker sinds ik op Twitter zit, weet ik dat burgers veel zaken die wij rechters heel normaal vinden, volstrekt niet begrijpen. Neem alleen al het woord "gerecht". Dat is de verzamelnaam voor rechtbanken en hogerberoepscolleges. Maar de meeste mensen zullen aan een bord eten denken. Ik tenminste wel.'

Ik vind 'in eerste aanleg' altijd heel grappig. Dan denk ik aan borstvoeding.
'Ha, ja! Het betekent: de eerste rechtbank waar een zaak dient.'

Wat vind je jouw ergste jeukwoorden?
'O, dat zijn er een hoop! Vooral van archaïsche woorden krijg ik jeuk: "thans", "reeds", "voorts", "onderhavige", "hetgeen", "omtrent", "blijkens", "tevens" en "voormelde", als in "het voormelde rapport". Maar ook: "vorenstaande", "vorenoverwogene".'

'Vorenstaande', 'vorenoverwogene'? Euh, wat?
'Ja, pff, hou maar op, dat betekent: wat eraan voorafging. Je kunt in veel gevallen net zo goed "dus" zeggen.'

Ik hoor ook nog wel eens: 'heden verscheen voor mij ter zitting'.
'Ja, vreselijk! Dan denk ik altijd aan een toverstokje. Zo

van: "poef! Daar stond de verdachte ineens." Schrijf gewoon: hij is naar de zitting gekomen.'

Je houdt niet van ouderwetse taal?
'Nou, daar hou ik juist heel érg van. Een woord als "mitsgaders" bijvoorbeeld, prachtig. En ik hou ook van lange, meanderende zinnen. Maar niet in een vonnis.'

Maar je vindt één woord het allerergst, toch? Daar heb je het héél vaak over, op Twitter.
'Haha, ja. Dat is "welke". Als in "de man welke door de verdachte op z'n hoofd werd geslagen". Af-schu-we-lijk! Ik denk dat mensen die het gebruiken denken dat ze slimmer overkomen. Maar ik vind het een potsierlijk woord. Zeg gewoon: "de man die door de verdachte op zijn hoofd geslagen werd". "Welke" is zo ouderwets. Ik noem het gebruik ervan de "verwelking" van de Nederlandse taal.'

Weg ermee.
'Dat lijkt me duidelijk.'

SORRY HOOR, MAAR JE BREIN IS NOGAL EEN SLETJE

De laatste tijd hoor ik steeds vaker dat we meer moeten niksen, dagdromen en lanterfanten. Dat is goed voor de creativiteit en ons denkvermogen, zegt de ene hoogleraar na de andere filosoof, en hoe vaker we het doen, hoe beter we onze hectische levens aankunnen.

Ik adviseer dat al jaren. Sterker nog: als er íémand wekelijks uren loopt te lanterfanten, ben ik het wel. Maar als ik eerlijk ben, is dat nog steeds geen garantie dat ik mijn werk ontspannen afkrijg.

Dat komt, en vergeef me de ietwat vrijpostige metafoor, omdat mijn brein nogal een sletje is – het is voortdurend op zoek naar afleiding, holt overal achteraan en houdt niet van 'verstandig', monomaan gedrag. Ja, lach maar, ook jouw brein – íéders brein heeft dat.

Dat zegt psycholoog Mark Tigchelaar ook. Nou ja, niet dat ons brein een sletje is natuurlijk, maar wel dat je brein een van je grootste vijanden is als je werk gedaan wilt krijgen. Je hersenen hebben namelijk voortdurend honger naar nieuwe informatie en als die niet snel gevonden wordt, gaan ze dwalen.

Tigchelaar geeft workshops over hoe je je brein in het gareel houdt. Hij geeft daarin advies hoe je beter met afleiding kunt leren omgaan. Ik was ooit bij zo'n workshop, en na afloop vroeg ik lezers op Twitter wat zij doen om zich beter te kunnen concentreren. Ik heb alle tips even voor jullie op een rijtje gezet.

Stel je werk uit. Het klinkt paradoxaal, maar hoe spannender het voor je brein wordt, hoe beter het werkt. Niet te veel natuurlijk, maar een beetje tijdsdruk is dus prima voor je brein. Je kunt ook snéller gaan werken, zegt Tigchelaar. Als je bijvoorbeeld in hoger tempo een tekst leest, moeten je hersenen harder werken en zullen ze minder snel afgeleid zijn. Maar uitstellen is een stuk makkelijker, en dat doe je waarschijnlijk toch al. Zeg maar tegen je baas dat dat goed is voor je hersenen.

Gooi je telefoon uit het raam. Je telefoon is de grootste vriend van je brein. Want er is altijd iets nieuws te zien én hij is vlakbij. Spoel je telefoon dus door het toilet als je écht iets af moet krijgen. Of 'zet anders je Twitterknop onder stroom', zoals een lezer op Twitter opperde. 'Gewoon alles uit, en werken,' een ander. Ik dacht eerst dat hij daarmee 'in je blootje werken' bedoelde, maar het was 'alle sociale media uit'.

Hoewel in je blootje werken misschien helemaal geen gek idee zou zijn, reageerde iemand, want dan neem je 'geen skype- of facetimegesprekken aan, je doet de deur niet open voor pakjes en op kantoor is er geen collega die je durft te storen'. Kijk maar even wat je ermee kan.

Doe niet te veel tegelijk. Schakel jij vandaag ook tussen allerlei klussen, of erger nog, moet je dat van je baas? Voor je brein is dat niet zo slim. Concentreer je liever op één taak en ga pas met de volgende verder als die af is. Maar 'niet over voetbal praten op maandag en vrijdag helpt ook al heel veel', was een van de reacties.

Maak lijstjes. Zit je net lekker te tikken, denk je er ineens aan dat je nog een nieuwe basilicumplant moet kopen of met je hond naar de trimsalon moet. Schrijf dat soort gedachten meteen op een briefje, tipt Tigchelaar, dan is het uit je hoofd verdwenen en zal het je niet meer lastigvallen.

Ga multitasken. Je brein werkt beter als je naast een belangrijke klus iets kleins erbij gaat doen. Dat kan van alles zijn: ga kauwgom kauwen, opperde Tigchelaar in de workshop; of ga de kat aaien, naar rollende golven luisteren of naar 'Bach zonder zang', tipten lezers op Twitter. Maar 'jazz, koffie en Duke Ellington' kan natuurlijk ook.

Maar pas op, zegt Tigchelaar, maak je 'neventaakje' niet te ingewikkeld. Ga dus 'geen 3D-figuren met schaduwen tekenen', of alle decimalen van het getal pi opzeggen. Anders ben je alsnog aan het schakelen met je brein. 'En als je schakelt, ben je af.'

Maar de belangrijkste tip voor een betere concentratie is toch, vrees ik: **doe werk dat je écht interesseert**. Weet je nog dat je vroeger, ruim voor de iPhone, een spannend boek kon lezen en daarmee zomaar een paar uur van de wereld kon zijn? Zo is het ook met je werk. Als dat een spannend boek voor je is, kunnen zelfs je collega's, baas en sociale media je brein niet uit zijn concentratie krijgen.

En o ja, **neem voldoende rust**. Maar daarover in het volgende hoofdstuk meer.

WEES EENS WAT VAKER EEN OUWE LUL OP JE WERK

Dit wordt het saaiste hoofdstuk van dit boek. Hij gaat namelijk over 'rust nemen' – maar ik vrees dat het even nodig is. Want zeg eens eerlijk, wanneer heb jij voor het laatst rust genomen? En dan bedoel ik échte rust. Dus niet dat halfuurtje in de trein vanochtend, scrollend op je Instagram. Niet dat kwartier net, fietsend met die podcast op je oren, of die twee uur voor de tv gisteravond, maar échte rust – waarbij je brein even helemaal uit stond?

Zo gaat het bij mij ook, hoor: zodra ik even niks te doen heb, ga ik door mijn sociale media scrollen, puzzels maken of een boek lezen. Maar dát is geen echte rust, zegt Stefan van der Stigchel, hoogleraar cognitieve psychologie aan de Universiteit Utrecht. Omdat je er toch weer je hersenen bij gebruikt.

Echte rust is bloedsaai, zegt hij, maar alleen door échte rust te nemen en je hoofd af en toe op de automatische piloot te zetten laad je je brein op en kun je je drukke leven aan. Daarom hier de beste tips om het af en toe wat saaier aan te doen. Je hoofd zal er blij mee zijn.

Ga slapen. Het saaist wat je kunt doen, en dus het beste voor je brein, is slapen. Help je hersenen daar dan dus ook een beetje bij. Ga 's avonds laat geen dingen meer op je telefoon bekijken, een horrorfilm streamen of een ingewikkeld gesprek met je schoonmoeder voeren, maar kijk liever de zoveelste herhaling van *Friends*, zegt Van der Stigchel. Seks voor het slapen mag ook, mits uiteraard zo saai mogelijk.

Schrijf eens een paar blokken 'rust' in je agenda. Alhoewel saaie 'meetings' natuurlijk ook ideale momenten kunnen zijn om even je rust te pakken in je thuiskantoor. Datzelfde geldt voor saaie congressen, saaie toespraken, saaie lunches en saaie powerpoints: als je er tóch bent, gebruik ze dan om even weg te dromen.

Stop met werken als je klaar bent. Duizenden kantoortijgers zitten hun 'aanwezigheidsplicht' uit en blijven uren op schermen klikken terwijl ze allang klaar zijn – wat zonde. Want met nutteloos klikken op schermen blijft je brein maar aan staan. Ga liever naar huis en met je baby wandelen.

Over goeie tips gesproken: **ga met je baby wandelen.** Leen er anders een, als je er geen hebt. Want een baby doet amper een beroep op je brein en je bent lekker buiten. Met honden kan het natuurlijk ook, maar daarop moet je vaak wachten tot ze zijn uitgesnuffeld en ben je steeds verplicht praatjes te maken met andere hondenbezitters. In je eentje wandelen is overigens het allerbeste voor je brein, maar dat wisten jullie al.

Stop met leuke dingen. Ga dus niet naar barista-cursussen en stop al helemaal met leuke, drukke etentjes. Kom op, zeg.

Want wat denk je zelf: is het verstandig om na een hectische werkdag met je vrienden in een restaurant druk te gaan zitten praten? Nee hè? Ga liever douchen, afwassen, strijken of stofzuigen – ideaal om je brein mee op de automatische piloot te krijgen. Doe sambal in je eten om je het gevoel te geven dat je nog leeft.

Ga zonder telefoon naar het toilet. Er is weinig waar je brein zo van uitrust als van kijken naar een lege wc-deur. Pas wel op dat je bij het handenwassen geen leuke collega's tegenkomt, want als érgens je hersenen van aan gaan, is het wel van leuke collega's. Zwijgend naast een saaie collega zitten en naar de horizon staren mag natuurlijk wel. Ook een prima tip: zet een stip op de horizon en ga er met z'n allen zwijgend naar zitten staren.

Stop met sporten. Of althans, stop met ingewikkelde sporten waarbij je je hersenen moet gebruiken. Je kunt soms beter gedachteloos in een stil park een frietje wegknagen dan een uur squashen in een lawaaiige sporthal, nou ja – voor je hersenen dan.

Stop met nieuwe muziek luisteren. Muziek die je al een miljoen keer gehoord hebt, is veel beter voor je brein. Stop ook met sudoku's maken, podcasts luisteren, kleurplaten inkleuren en mediteren – ook daarmee hou je je brein aan de gang. Hetzelfde geldt voor ingewikkelde recepten koken en boeken lezen. Voor de ouwe lullen onder ons: eigenlijk alles waarbij je je leesbril op moet zetten, is geen échte rust.

Over ouwe lullen gesproken: dat is misschien wel de beste tip voor meer rust in je leven: **wees eens wat vaker**

een ouwe lul. Zeg dus nee tegen gezelligheid, neem katten en een volkstuin en blijf thuis. En steun elkaar daar dan ook in. Zeg dus niet tegen vrienden die wat meer rust willen dat ze zo ongezellig zijn. Tuurlijk zijn ze saai. Maar alleen door af en toe een saaie ouwe lul te zijn kun je een jonge god worden.

Saaie mensen hebben het begrepen.

'THUISWERKDIP'? ZO KOM JE ER WEER VANAF

Thuiswerken is hartstikke fijn, en ik heb er mijn hele leven voor gepleit, maar *fulltime* thuiswerken kan soms loodzwaar aanvoelen. Niet dat ik erover ga klagen – want ik ben gezond, heb een baan en een huis. Maar man man man: ik zit af en toe echt in een 'thuiswerkdip'.

Dat hebben meer gedwongen, fulltime thuiswerkers, zo bleek toen ik er op Twitter naar vroeg. Maar ze hadden gelukkig ook tips hoe je er weer vanaf komt. Korte samenvatting: hou vol, huilen mag (af en toe), relativeer en spreek met mensen af.

Ga dus lunchen met een collega, maak een ommetje met een vriend, ga samen met collega's naar een café om daar op anderhalve meter van elkaar te werken, of spreek met een 'vaste' (leuke) collega af dat je elkaars werk bekijkt, bespreekt en beter maakt.

Maar een praatje met de fietsenmaker kan natuurlijk ook, of met je buurman. Parkeer desnoods je auto verkeerd en schiet daarna een parkeerwachter aan – al het échte contact is beter dan WhatsApp, Teams, Zoom of mail. Echt. Je fleurt er van op.

Zorg ook dat je iets hebt om naar uit te kijken, schreven lezers. 'Een stomme schietserie op Netflix' bijvoorbeeld, even naar het bos of een tennistraining: pak je agenda en plan iets. Neem een paar dagen vrij, of ga een weekend weg. 'Even andere muren om je heen', schreef een lezer. 'Dat helpt enorm.'

Ook een tip: begin elke dag en sluit hem ook weer af. Met een klaroenstoot, een wandeling om het huis of een emmer ijskoud water – het maakt niet uit waarmee, áls je maar iets doet. Rol dus niet zo van je bed achter je laptop en einde avond weer terug, 'maar bedenk een ritueel en hou je daaraan', schreef een lezer. Dan hou je je hoofd voor de gek dat de werkdag begonnen, of weer voorbij is.

Jezelf voor de gek houden is überhaupt een gouden tip voor thuiswerkers. Maak jezelf dus wijs dat je keukentafel iets heel anders is dan je werktafel, je keuken de kantine is, je balkon een terras en je badkamer een jacuzzi. Op die manier zit je niet thuis, maar leid je een hartstikke spannend leven met heel veel afwisseling.

Vergeet ook geen pauzes te nemen, drukten lezers me op het hart. Sta dus geregeld op van je stoel en kuier rond, ga fruit pureren, koekjes bakken, de katten kroelen, een wasje draaien, of buiten op straat onkruid tussen de tegels vandaan halen.

Naar buiten gaan is sowieso van levensbelang, doe het minstens twee keer per dag, of nog beter: neem een hond (als je de verantwoordelijkheid voor zo'n beest aankan). Heerlijk, al die verplichte ommetjes, schreven enthousiaste lezers. Maar je kunt ook 'stoppen met drinken', 'in blokken van twee uur werken' en 'elke dag vroeg opstaan', zo werd ik getipt. Maar dat negeer ik even. Je kunt het ook overdrijven.

'Jezelf belonen' vond ik al veel beter klinken. Met een lekkere lunch, goede koffie en thee, met een extra koekje, bier, Engelse drop, ijsjes eten, chocola, en 'af en toe slagroom op de koffie', zoals lezers schreven.

Daarna volgde eigenlijk als vanzelf de tip: ga sporten. Niet alleen om de coronakilo's, maar ook omdat je je daarna vaak beter kunt concentreren op je werk.

Maar je mag ook best af en toe balen van het thuiswerken, vond een lezer. Zij deed daarom af en toe aan '*ugly crying*', je weet wel, dat je mascara doorloopt en je ogen opzwellen en rood worden. Prima tip.

Andere lezers relativeerden liever. Bedenk dus, het liefst een paar keer per dag, dat alles veel erger had kunnen zijn. Dat ze in de eurlog geen thuiswerkdip hadden bijvoorbeeld, dat je ook doodziek had kunnen zijn.

Of zie de voordelen! Dat je niet meer elke dag om zes uur in de trein hoeft. 'Dat je later, als het oude (deels) weer terugkeert, dingen meer waardeert/anders bekijkt, dat er mogelijk positief blijvende veranderingen zijn', zoals een lezer schreef. Vond ik mooi.

En dan waren er nog de kantoorhaters. Die juist dolblij waren dat ze mochten thuiswerken. Ook een flinke club hoor. 'Welke thuiswerkdip?', schreef een van hen. 'Geen collega's met kantoorjargon en hun privégereutel, wat anders doen tijdens een saaie Teams- of Zoom-meeting (camera uit natuurlijk), efficiënte indeling van de dag.

Heerluk!' 'Misschien ga ik wel nooit meer naar kantoor!', juichte een ander.

Maar weet je welke tip de meeste indruk maakte? Die van de kantoorgángers. Serieus. Die schreven: ga gewoon af en toe naar kantoor als het weer mag. Niet allemaal tegelijk natuurlijk, en spreek het goed af, maar ga! Voor het contrast, voor de rust (!) en om weer eens onder gelijkgestemden te zijn.

Wie had dat ooit gedacht: kantoor als recept tegen de thuiswerkdip. Als ik ga, schreef een lezer, 'dan zit ik juichend op mijn fiets, door weer en wind naar de Zuidas'.

Corona doet rare dingen met mensen.

NAWOORD

DIT IS WERKGELUK

Kantoortijgers die gek worden van de mail, het jargon, de bedrijfsuitjes, de stank van hun collega's of de groepsapp: dit boek leek soms alleen maar over ellende op het werk te gaan.

Dat komt natuurlijk vooral doordat jullie altijd advies aan me vragen over zaken die verkeerd lopen op je werk – goed nieuws verkoopt niet. Net zoals er geen hond naar een film wil kijken over een gelukkig, kabbelend huwelijk, kijken mensen als het om kantoor gaat liever naar *The Office*, *Toren C* of *Debiteuren Crediteuren* – naar rampspoed, terreur en tragedies – en in die behoefte moet ik natuurlijk ook voorzien.

En toch en toch en toch... is ons werk meestal zoveel méér dan een tranendal. En daar ging dit boek ook over, maar voor het nawoord is het misschien goed juist daarmee af te sluiten. Met de *mooie* dingen van het werk – even afgezien van het salaris en het contract.

En dus vroeg ik op Twitter wat jullie dankbaar maakt op je werk, waar je niet zonder kunt en wat je nooit zou willen missen. De reacties hierop waren de meest ontroerende die ik ooit kreeg – als lichtjes die me in donkere dagen toeschijnen, als vlammetjes die alle kou en mist verdrijven – dames en heren *'happiness officers'*: zó ziet werkgeluk er dus uit. Want wat hóúden jullie van je werk!

Van de koffieautomaat die 'zelf zijn verse bonen maalt'. Van het 'heerlijke eten in de kantine'. Van het 'sfeervolle historische pand' waarin jullie zitten. Van 'de fietstocht 's ochtends ernaartoe', als alles nog lekker fris is en de stad langzaam ontwaakt. Van het bos achter kantoor waar je tijdens de lunch in rond kunt struinen, van de stad waar je werkt – Rotterdam bijvoorbeeld (mazzelaars), 'waar ik zomaar wat straten in loop en dan wel zie waar ik uitkom', zoals een twitteraar schreef.

Maar jullie houden er ook van dat je 'onophoudelijk nieuwe dingen leert en dat geen dag hetzelfde is', van de 'puinhoop soms', dat je op je werk kunt 'uitrusten van je hectische gezinsleven', van 'het feit dat je überhaupt werk hebt!', en van de 'avonden en nachten doorhalen en de volgende dag uitslapen'.

Over nachten en avonden gesproken, dat viel me op: dat veel mensen juist de uren *buiten* werktijden noemden als momenten om te koesteren. Dat eerste uurtje op kantoor als er nog bijna niemand is. Maar ook de uren na 'sluitingstijd', als het rustiger is, er een knusse sfeer hangt; de nachtdiensten met een klein clubje, maar ook december en dan vooral de magische tijd tussen kerst en oud en nieuw waarin 'je goede gesprekken voert met je collega's', lekker rustig samen kunt werken en je 'elke dag een directielunch krijgt', aldus een lezer.

Maar veel mensen zijn ook dankbaar dat ze iets mogen betekenen voor anderen door hun werk, 'dat hun werk ergens over gaat', 'dat je weet dat je iets bijdraagt', en iets 'doet waar je achter staat'.

Dat het lukt om die ene patiënt beter te maken, die ene klant te helpen, die ene leerling die zegt dat hij iets geleerd heeft – als íéts me opviel, is het de liefde voor het vak dat jullie gekozen hebben.

Maar het aller-, aller-, allermeest houden jullie – en daar moest ik toch wel even een traantje bij wegpinken – van jullie collega's, stelletje ouwe romantici.

Het meeleven met elkaar, 'als een lieve collega een prachtige zoon krijgt die veel te vroeg wordt geboren', schreef iemand. 'Het hele team houdt collectief de adem in. Het spant erom. Het komt goed!' Het 'samen-tegen-de-rest-gevoel'. Of 'dat er mensen zijn die over hetzelfde enthousiast worden als jij, en je een band hebt die anders is dan vriendschap, maar wel intiem, omdat je iets hebt wat je verbindt'.

Samen. Dat woord viel opvallend vaak. Samen een deadline halen. Samen iets moois maken. Samen met de armleuningen van de bureaustoelen het ritme laten klinken van 'We Will Rock You'. Samen 'heel hard lachen en dat dan de buren komen vragen of het wat zachter kan'.

De collega's die je mist als ze ergens anders gaan werken. Aan wie je nog vaak denkt als je zelf weer verderging. De collega's die op vrijdagmiddag chips neerzetten, zomaar uit zichzelf, die sinterklaascadeautjes in je werkschoenen doen, die je een tegoedbon geven voor 'bier en bitterballen' op je verjaardag.

'Het besef dat je nergens anders met zulke gelijkgestemde gekkies kunt communiceren,' schreef iemand. Maar ook de ergernissen waarvan je gaat houden: de spekzolen, het geroddel, het dartelen, de panty's, de stemmen, de weddenschappen, de broches, de koffievlekken, de chaotische collega, de jankerd – 'het is haat-liefde. Noodgedwongen.'

Maar toch.

Precies datzelfde heb ik ook op m'n werk, eigenlijk altijd gehad. Dat gevoel op de achtergrond. Alsof je werkt met familie, maar dat het *voelt* als vrienden.

Mooi werk met geweldige mensen is het mooiste dat er is.

MET DANK AAN

Silke Groen. Ineke, Uilke en Gerda Bouma. Roel Amesz, Frank Smudde, Alex van der Hulst, Richard Engelfriet en Freek Staps. Omdat ze altijd terugappen en -mailen.

Verder dank aan al mijn geïnterviewden: Caro van Roon, Jasper Guldemond, Pep Degens, Ingrid van Alphen, Tjip de Jong, Judi Mesman, Conrad Berghoef, Akihiro Adachi, Martin Groenhuis, Marcel Canoy, Wouter van Marken Lichtenbelt, Schelto Kruijff, Ileen Montijn, André Manning, Ronald Bruins, Marc van Oostendorp, Leah Sheppard, The Man Who Has It All, Arie Boomsma, Summer Brennan, Ellen van Dalsem, Nicol Tadema-De Voor, Monique Steegers, Esmeralda Blaney Davidson, Paul van der Steen, Remko van der Drift, Janka Stoker, Michelle Baesjou, Shirley Kind, Fons Scheltema, Joyce Lie, Mark Tigchelaar, Stefan van der Stigchel, Wim Pullen. En aan Merel Thie voor haar beschouwing van de term 'Hoe vind je zélf dat het gaat?'

NOTITIES